情緒的哲學課

人性和心理的思考

梁光耀　著

商務印書館

責任編輯　錢舒文
裝幀設計　趙穎珊
責任校對　趙會明
排　　版　高向明
印　　務　龍寶祺

情緒的哲學課 —— 人性和心理的思考

作　　者　梁光耀
出　　版　商務印書館 (香港) 有限公司
　　　　　香港筲箕灣耀興道 3 號東滙廣場 8 樓
　　　　　http://www.commercialpress.com.hk
發　　行　香港聯合書刊物流有限公司
　　　　　香港新界荃灣德士古道 220–248 號荃灣工業中心 16 樓
印　　刷　美雅印刷製本有限公司
　　　　　九龍觀塘榮業街 6 號海濱工業大廈 4 樓 A 室
版　　次　2024 年 9 月第 1 版第 2 次印刷
　　　　　© 2023 商務印書館 (香港) 有限公司
　　　　　ISBN 978 962 07 6715 9
　　　　　Printed in Hong Kong

目　錄

代　序

在「情緒的哲學課」中，梁光耀兄援引群書並結合生活例子，帶領讀者從多角度去檢視和比較有關情緒的不同概念。他更嘗試分享不同文化背景中，人們應對一些負面情緒的出路。

書中收錄作者親筆繪製的插圖，為本書增加了不少美感和藝術玩味的空間。閱讀本書，令我眼界大開，更有助於刺激思考和提升求知慾。

陳進偉

臨牀心理學家

前　言

《情緒的哲學課——人性和心理的思考》是「哲學課」系列的第五本書，顧名思義，這是一本討論情緒的書，主要針對我們的負面情緒。

自從上世紀九十年代丹尼爾（Daniel Goleman）的《EQ》出版之後，情緒的重要性受到廣泛關注；因為根據此書，一個人的成敗只有兩成是取決於 IQ，反而 EQ 擔當着更重要的角色。IQ 即是「智力商數」，主要涉及語言、邏輯和數學的能力，大部分是先天的；而 EQ 則是「情緒商數」，主要是認識及管理情緒的能力，很大程度是後天培養得來。EQ 高的人不但能認識自己的情緒，也能理解他人的情緒，從而建立良好的人際關係，工作上能協調他人，提升團體的力量。

一直以來，東西方文化都不重視情緒的地位，西方哲學的奠基者柏拉圖（Plato）雖然率先提出了「知、情、意」三分的人格結構；但他將情緒和慾望混在一起，並視之為負面的東西，需要理性的控制。根據古希臘醫師希波克拉底（Hippocrates）的體液理論，人體有四種基本物質：血液、黃膽汁、黑膽汁和黏液，形成人的不同個性和情緒，例如黑膽汁過多就會造成憂鬱的性格；當然，這從今天的角度看，並沒有科學的根據。十七世紀現代科學興起之後，才真正開始對情緒進行科學性的研究，除了生理學的研究之外，也有達爾文（Charles Darwin）從演化角度解釋情緒的出現，他寫了《人與動物的情緒表現》（*The Expression of the Emotions in Man and Animals*）一書；還有佛洛伊德（Sigmund Freud）的潛意識理論，他在《精神分析引論》（*Introductory Lectures on Psycho-*

Analysis）探討了焦慮症和憂鬱症的心理起源。情緒亦有着文化的差異，比如說中國人的羞恥文化就跟基督教的罪咎文化很不同。

要認識情緒就先要辨別不同的情緒，有人會將焦慮和憂鬱混淆，也弄不清焦慮和恐懼的分別。據說人類的情緒多達一百五十種，但也有些比較基本的，例如《禮記》就有七情之說，七情是「喜、怒、哀、懼、愛、惡、慾」，跟佛教所講的七情相似；而西方現代哲學之父笛卡兒（Rene Descartes）則認為人有六種基本情緒，分別是厭惡、恐懼、詫異、憤怒、快樂和悲傷，跟《禮記》的七情差別也不大。可是，現代社會的情緒問題比傳統社會複雜得多，七情之說顯得有點過時。本書的重點在於辨識現代人常見的負面情緒，並試圖轉化為積極之用。由於憤怒、恐懼、自卑和嫉妒這四種負面情緒已在之前的《哲學課》討論過，所以就不在此書重複。本書會討論十種情緒，主要分為三組，每組有三種情緒，第一組是「焦慮、憂鬱、悲傷」，第二組是「羞恥、內疚、後悔」，第三組是「埋怨、憎恨、厭惡」，還有是愛慾，是人的本性，不算是負面情緒，所以放在最後。

梁光耀

書於馬鞍山

2022 年 5 月 5 日

1

焦慮

焦慮是對虛無的恐懼

——祈克果

女兒剛入讀小學時，參加了學校舉辦的一個有關
情緒的講座，講座目的是教導家長如何處理子女
的情緒問題。我很驚訝有些個案竟然是患上了焦
慮症。為甚麼連小學生也有機會患上此病？是壓
力太大嗎？為甚麼會有這麼大的壓力？還是有其
他原因呢？

在新冠肺炎肆虐期間，很多人都出現了情緒問題，其中一種就是焦慮。在現代社會，焦慮是一種很普遍的情緒，相信很多人都經歷過，是一種不安、緊張、無助和孤立的感受，像是要擔心會發生甚麼不幸的事似的。通常焦慮是跟得失有關，比如說我們之所以焦慮死亡，就是害怕失去生命；焦慮疾病，原因是怕失去健康；還有失業、失去所愛、失去自尊等等，我們害怕失去的東西越多，焦慮也會越多。那麼，如果可以無慾無求，不是就能減去不少焦慮嗎？然而，不同於傳統社會，現代是一個競爭激烈的社會，為了生存，我們不得不參與其中。現在連小學生也有焦慮問題，因為競爭已經發展到是否贏在起跑線上了。

有人說，二十世紀是焦慮的年代，這是因為當傳統社會解體，我們進入了高度競爭的現代社會。從這個角度看，焦慮也是文化變遷的產物，1948 年的普立茲詩歌獎，就是頒給了詩人奧登（W.H. Auden）的《焦慮年代》（*The Age of Anxiety*）。有人甚至認為，二十世紀初極權主義（如納粹主義和法西斯主義）之所以興起，就是因為在巨大的社會變遷下，很多人都感到極度焦慮，因此寧願接受有安全感的威權統治，也不要充滿不確定的自由。

對我來說，焦慮是一種「不確定」的情緒，不確定有三個意思：第一，不確定是指造成焦慮的原因，像是很多時我們會無緣無故感到焦慮；第二，焦慮通常是擔心自己究竟會出現甚麼情況，例如考試成績，這是結果的不確定性；第三，不確定是指情緒本身，大部分情緒都很明確，例如憤怒、嫉妒和自卑等，我能夠清楚地指認當下自己經歷着哪一種情緒；但焦慮有點不同，有時我

不能夠肯定自己是否真的是焦慮，舉個例，不知從哪時開始，我到圖書館找書時就常會出現心悸、胃氣脹和想上廁所這些症狀，但我又不確定自己是否焦慮，而且我又不知道為甚麼到圖書館會有這些反應。是由於我害怕去圖書館嗎？那又不見得，因為我是挺喜歡去圖書館的。

 ## 祈克果與佛洛伊德

自從蘇格拉底（Socrates）開始，西方哲學奠定了一個理性主義的傳統。根據柏拉圖的靈魂三分說，靈魂分為理性、意志和情慾三部分，柏拉圖認為人的理性可以控制意志和情慾，從此這種理性控制情緒的思想就成為了西方哲學的主流，而其中的表表者就是十七世紀的史賓諾莎（Baruch de Spinoza）。史賓諾莎寫了一本《倫理學》（*Ethics*），以幾何證明的方式，從公理和定義開始，來推論他的主張：道德問題就好像數學問題，可以完全依靠理性證明來解答。史賓諾莎從慾望、快樂和痛苦的角度分析不同的情緒，並主張理性可以控制情緒；但在他列舉近五十種的情緒中，卻沒有焦慮。是焦慮的問題尚未被人的察覺，還是他將焦慮看成是恐懼呢？

史賓諾莎對情緒的分析

以下從《倫理學》一書摘錄其中一些情緒的定義。

慚愧	是人反省自己的無能或軟弱而產生的痛苦
恥辱	是一種痛苦，伴隨着我們想像自己某種行為受到他人指責的觀念
後悔	是一種痛苦，伴隨着我們自認是發自精神上自由決定所做之事的觀念
羞恥	是對恥辱的恐懼或畏怯，遏止人做出醜陋的行為
畏縮	是一種慾望，寧可忍受較小災禍，以逃避我們所畏懼的更大災禍
膽怯	那種對同輩敢於面對的危險感到害怕，從而使自己的慾望受到限制
絕望	是一種起於對過去或未來事物的觀念無可置疑的痛苦
報復	是一種慾望，刺激我們懷着恨意去傷害曾經以同樣恨意傷害過我們的人
鄙視	因為恨，而將一個人看得太低

最早對於焦慮作出分析的是十九世紀丹麥哲學家祈克果（Soren Kierkegaard）。一般稱十九世紀為「維多利亞時代」，維多利亞（Victoria）是英國女皇，於 1837 年即位，統治英國六十三年，這是英國的黃金時期，但也是情慾受到強烈壓制的時代，不只是英國，整個歐洲都彌漫着這種壓抑的氣氛。也可以說，這是一個理性和情緒分離的時代，過往對於理性的信任已不復存在，隨着宗教信仰的減退和自然科學的發展，工業革命帶來了重大的社會變遷，價值和意義失去了超越的來源，理性也淪為了工具理性。在這種時代背景下，祈克果揚棄了抽象的理性主義（見於他對黑格爾體系的攻擊），強調活生生個人的存在體驗，一個有思想、情感和意志的個體。前面我們提過焦慮的原因是害怕失去，而我們最害怕失去的就是生命，對死亡的焦慮也正是我們最深層的焦慮。用存在主義的說法，死亡就是虛無，是非存有的存有，難怪

祈克果説焦慮是對虛無的恐懼；從這個角度看，焦慮可以説是最有哲學意味的情緒，也是最有存在感的情緒。

1844 年，祈克果寫了一本書叫做《焦慮的概念》（*The Concept of Anxiety*），探討焦慮和自由的關係，祈克果有一名句「焦慮是自由的暈眩」。他認為「自由」代表人的可能性，例如我有自由成為一個畫家，但在實現可能性時，就會感到焦慮，因為我不一定成功做到。換言之，人的可能性越高，其焦慮也越大，藝術家的焦慮應該特別多，因為藝術家最強調創造性。這也是為甚麼現代比傳統有更多的焦慮，在傳統社會，很多人的身份和職業在出生時就被決定；現代社會不同，我們擁有更多的自由，有更多的可能性，但選擇的不確定性也帶來了焦慮。對死亡的焦慮也是一樣，據説現代人比古代人更害怕死亡，這是因為現代社會崇尚個人主義，人與人之間普遍感到疏離，死亡問題則更加要孤身面對，在這方面存在主義有深刻的體會；相反，在傳統社會裏，群體比個人重要，人的自我意識不強，對死亡的焦慮就及不上現代人。在赫胥黎（Aldous Huxley）《美麗新世界》（*The Brave New World*）這部小説中，那些缺乏深度自我意識的複製人也不怎麼害怕死亡。

對祈克果來說，焦慮就是人面對自由時所處的情緒狀態；但焦慮並非壞事，焦慮可以幫助我們發展、完成自我，成為一個自主的人。打個比喻，焦慮就像是人生不同階段的障礙，我們必須跨過這些障礙才能有進一步發展；相反，如果不能跨過障礙，累積的焦慮會產生心理問題，嚴重者就變成了焦慮症。為甚麼不能跨過障礙？其中一個原因是我們不願意實現自我，這其實是一種衝

突，一方面我們想實現可能性，實現自由；但另一方面又不想這樣做，正如祈克果所說：「我們所害怕的，正是我們所渴望的。」

焦慮與成長

嬰兒　處於天真無知的狀態，當他實現可能性時，由於尚未有自我，面對的是純粹的焦慮，並沒有具體的內容

幼兒　自我意識出現，可以察覺焦慮，通常是來自跟父母的衝突，產生孤獨和無能的感受，是發展自我的必經階段

人類有了自我意識，就可以主動地塑造自己，實現不同的可能性；有了自我意識，也能察覺自身的焦慮和內在的衝突；有了自我意識，也產生了責任感。實現自己的可能性，某種程度上我們要「破壞」現狀，走出自己的「舒適圈」，而拒絕實現可能性亦即是拒絕成長，這是逃避責任，因此帶來責疚。從這個角度看，宿命論正是用來逃避焦慮和責疚，人無法或不願實現自我時，就退縮到命運的信仰中，亦即是失去了自由。祈克果認為焦慮有正面的意義，那就是令人成長，發展自我的力量。正如祈克果所說：「冒險帶來焦慮，不冒險會喪失自我。」

如果說祈克果從正面看待焦慮的話，佛洛伊德則是從疾病的角度研究焦慮。第一個將焦慮看成是疾病的人是德國的一位精神病學家赫克，他稱之為「精神官能性焦慮」，後來佛洛伊德進一步將焦慮看成是所有精神官能症的核心問題，佛洛伊德的《精神分析引論》有一章是討論焦慮的，後來更有《焦慮的問題》(*The Problem of Anxiety*) 一書。佛洛伊德區分了兩種焦慮，一種是客觀的焦慮，那是遇上真正危險時的心理反應；第二種是神經性的焦慮，

這會產生精神官能症,是需要治療的。佛洛伊德有關神經性焦慮的理論分為早期和後期。早期的理論認為,焦慮的產生是由於慾望受到壓制,特別是性慾,於是「力必多」(性慾的力量)這種力量就轉換為焦慮的形式出現;後來他基於臨牀經驗,例如對驚恐症(Panic disorder)和強迫症(Obsessive-compulsive disorder)等心理病的觀察,修改了原初的理論,將壓制和焦慮關係倒轉,是焦慮導致壓制,由於自我察覺到危險,因此創造出帶有「壓制」的疾病來避免焦慮,例如特定性恐懼症患者只對某種事產生焦慮,所以不接觸這種事物就不會感到焦慮;而容許強迫症患者做自己想做的事,也可免於焦慮。

佛洛伊德也探討了焦慮的源頭,那就是「出胎創傷」和「閹割恐懼」。所謂「出胎創傷」是指嬰兒出生時跟母親分離所體驗的焦慮,也是人初次的焦慮,很多小孩子見到陌生人都會感到恐懼,這是源於跟母親分離時的焦慮;而「閹割恐懼」則是擔心失掉生殖器官,剝奪了成長後跟母親或其代理人的結合。根據佛洛伊德的理論,嬰兒有戀母情意,視父親為敵人,但又恐怕父親報復,於是產生了「閹割恐懼」,再發展為「良心恐懼」,即是自我害怕超我的懲罰,最後會導致「死亡恐懼」。不過,「出胎創傷」和「閹割恐懼」可能只是象徵的說法,比如說,「出胎創傷」只是代表害怕失去母親的愛。

祈克果和佛洛伊德分別從哲學和科學的進路入手,可謂探討「焦慮」的先驅。祈克果基於自己生命的體驗,分析了焦慮的本質;佛洛伊德則依據臨牀的經驗,發展出焦慮的理論。

焦慮與恐懼

焦慮和恐懼這兩個概念十分相近，都含有「害怕」和「不安」的意思，有時我們甚至互換地使用，比如說「死亡的恐懼」和「死亡的焦慮」；但如果細心分析一下，它們還是有分別的，例如我們會說「他是一個焦慮的人」，但不會說「他是一個恐懼的人」，似乎焦慮比恐懼更深層。通常恐懼會有明確的對象，例如我每次見牙醫都會產生恐懼，因為補牙十分痛，但見完牙醫之後，恐懼就會消失（我之所以舉這個例子，原因是寫這部分時的第二天要去補牙，現正處於恐懼中）；然而，焦慮卻不一定有明確的對象，以致我們不知如何是好，由於恐懼有明確的對象，我們就可據之採取行動，比如說是對抗，或是逃避。

另外，焦慮多涉及內在的衝突，比如說對焦慮的事物既害怕又渴望，恐懼則多是來自外在的威脅。焦慮跟恐懼的另一個不同是：焦慮是有所期待，「焦」正代表着焦急，例如趕時間等車時，害怕遲到，就常常有這種感覺。還有，通常恐懼比較合乎理性，例如遇到火災時有恐懼的反應，因為這是直接威脅我們的生命；但相比之下，焦慮就較為非理性，表面上帶來威脅的東西看起來並不是那麼嚴重。不過，小孩子也有很多非理性的恐懼，例如怕黑、怕鬼。這是因為小孩子知識不足，還是這些非理性恐懼背後其實是潛在的焦慮呢？

四種典型恐懼

也有人主張恐懼比焦慮更基本，德國心理學家弗里茲・李曼（F. Riemann）認為人有四種原動力，但失衡就會產生四種心理問題。

原動力	恐懼	心理問題
獨立特行	害怕將自己交出去，隱藏自我	人格分裂
他人認同	害怕成為自己，產生依賴	憂鬱
安全需求	害怕改變，不能忍受混亂	強迫人格
冒險求變	害怕既定模式，逃避角色要求	歇斯底里

屬於存在主義心理學派的羅洛（Rollo May）認為，焦慮是一種處於擴散和尚未分化的情緒狀態，而恐懼則是來自焦慮，是一種針對具體危險，有明確對象的分化情緒。羅洛在《焦慮的意義》(The Meaning of Anxiety) 一書中指出，在生理上，焦慮和恐懼的反應並不一樣，恐懼是面對具體危險的情緒反應，胃部會停止運動，準備隨時逃跑；而焦慮則不同，所面對的威脅是內在的，胃部活動會加快，跟恐懼剛好相反。羅洛認為焦慮的威脅是我們的人格核心，引致內在的衝突，就以失業為例，失業不但會影響生計，還有可能導致人格的內在衝突。比如說，要領取政府的綜援，還是堅持自食其力呢？這威脅到我們自尊的價值。而現代社會的焦慮問題之所以特別嚴重，就是文化的核心價值受到威脅。在資本主義社會，我們相信個人主義，競爭會令人進步，帶來社會效益；可是，在追求成功的壓力下，我們看到大量的失敗者，這不但威脅到個人的核心價值（追求成功，並以名利為目標），更令人質疑這個標準本身，產生正當性的問題，正如第一節所講，焦慮有着文化價值的面向。

換言之，焦慮是基礎性的，因為它威脅的是人格的核心價值，而恐懼則是由焦慮衍生出來的。美國人有所謂「恐懼的恐懼」的說法，當我們面對危險時，會以恐懼來回應；但如果不能克服危險所產生的不安，那就變成了恐懼的恐懼，亦即是焦慮。從這個角度看，恐懼之所以出現，是令我們免於焦慮，如果「恐懼」失守，焦慮就會出現。雖然不能確定是否所有恐懼背後都是潛在着焦慮；但可以肯定的是，焦慮比恐懼更基本，更深層和更廣泛。

驚嚇、焦慮、恐懼

驚嚇	是我們面對突如其來危險的自然反應，這是先於情緒的
焦慮	當我們察覺到威脅，卻不知道來自何處，或自己是否目標時的不安情緒
恐懼	確定威脅的來源，生理上會有所反應，作出對戰或逃避的準備

正常焦慮與焦慮症

焦慮大致可分為正常性焦慮和神經性焦慮兩種，正常性焦慮就如前面祈克果所講，能夠幫助我們成長，在佛洛伊德的理論中，稱為客觀的焦慮。至於神經性焦慮，佛洛伊德認為這是所有精神官能症的本質，大抵我們可以將精神官能症分為狹義和廣義兩種，狹義是一般所稱的廣泛性焦慮症（Generalized anxiety disorder），而廣義則包括驚恐症、社交恐懼症（Social phobia）、強迫症、特定性恐懼症（Specific Phobia）、廣場恐懼症（Agoraphobia）、創傷

後壓力症（Post-traumatic stress disorder）等等。不過，正常焦慮跟廣泛性焦慮症之間並沒有明確的界線，只是程度之分，當焦慮累積到一定的程度就變成神經性焦慮。要注意的是，神經性焦慮並非精神病，講得通俗一些，神經性焦慮即是情緒病或心理病，跟精神分裂症不同，真正的精神分裂患者是不會感到焦慮的。

判斷廣泛性焦慮症的標準

根據《精神疾病診斷與統計手冊》，判斷廣泛性焦慮有以下三個準則，若情況持續至少六個月，就是患上廣泛焦慮症。

1.擔心	有各種各樣的擔心，並且過分擔心，所擔心的事跟擔心不成比例
2.症狀	至少三種症狀：緊張不安、容易疲倦、發怒、不能集中精神、睡眠有困難
3.影響	擔心和症狀已影響到日常生活、上學或工作

所謂正常性焦慮，就是指威脅和焦慮合乎比例，羅洛舉了一個例子來說明，在納粹黨掌權的時候，有一位住在德國的社會主義者感到十分焦慮，因為跟他有相同理念的人，有很多不是失蹤，就是被關進集中營，他擔心隨時會被逮捕，也不知自己最後會有甚麼遭遇，所以感到十分痛苦和無助，這不但威脅到他的生命，還有他相信的價值。嬰兒的原始焦慮也是正常性的焦慮，是成長必需經歷的，記得第一次給初生女兒洗澡時，從她的反應，我感覺到這就是焦慮。除了威脅和焦慮合乎比例之外，正常的焦慮並不涉及抑壓，或需要啟動防衛機制來管理焦慮。由於人的有限性，當我們面對各種威脅時，產生焦慮是很自然的，而在成長的過程中，當我們所認同的價值受到威脅時，也是學習的好機會，能令

我們有進一步的發展，正常性焦慮有着建設性的一面。比如說對死亡的焦慮可以讓人學會珍惜眼前人，更有計劃地運用時間，活得更有意義等等。

至於神經性焦慮，跟正常性焦慮剛好相反，首先，它比正常性焦慮強烈，但所遭遇的威脅卻是不成比例；其次，神經性焦慮會有抑壓，或心靈的衝突；還有，須要啟動防衛機制來管理焦慮，這就是各種精神官能症的症狀。換言之，疾病是用來免於焦慮，但這並不是解決焦慮的方法。為甚麼會出現神經性的焦慮呢？是由於我們不能建設性面對正常性焦慮，以致焦慮不斷累積，最後產生神經性焦慮嗎？或是正如佛洛伊德所說，這是由於孩童時期，未能意識到威脅的來源而強行壓抑焦慮對象所致？還是有基因遺傳或生理病變（如腦部化學物質失衡）的因素？外在的壓力只是導火線嗎？

焦慮症的分類

廣泛性焦慮症	呼吸急促、疲倦、易怒及失眠
驚恐症	這是突於其來的焦慮，患者感到呼吸困難、心跳加速、頭暈目眩、胸口劇痛，像是快要死的，持續數分鐘至一小時
社交恐懼症	害怕跟人接觸或談話，嚴重影響工作和日常溝通
強迫症	包括強迫觀念和強迫行為，無法阻止某些古怪觀念的侵擾，或是不斷重複某些行為如洗手、檢查門鎖等
廣場恐懼症	害怕到人多的地方，嚴重者甚至害怕外出
特定性恐懼症	對某種事物特別感到恐懼，例如動物、醫生、血液、飛機等等
創傷後遺症	由於經歷了某些災難或嚴重的打擊，引致不良的反應，如失眠、做惡夢、精神不能集中、害怕事件會重演等

如果説廣泛性焦慮症是正常焦慮累積而成，其他精神官能症就是為免於焦慮而發展出來的。很多患上廣場恐懼症的病人之前是患有驚恐症，換言之，患上驚恐症很有可能會發展為廣場恐懼症。據説有 10% 的人是患上特定恐懼症，涉及不同的事物，但只要不接觸這種事物就不會焦慮，所以尋求治療的人不多，導致這方面的病情被低估了。在各種焦慮症中，似乎最難理解的就是驚恐症，因為在沒有任何外在因素的影響下，一個人竟然有腎上腺素激增的生理反應。

值得注意的是，根據羅洛對未婚媽媽的研究，神經性焦慮跟中產階級有着密切的關係，這可能是中產家庭對子女有較高的期望，而中產階級比起勞工階級更有競爭的野心。

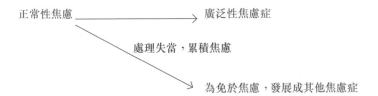

正常性焦慮 ——————→ 廣泛性焦慮症

處理失當，累積焦慮

為免於焦慮，發展成其他焦慮症

克服焦慮？

如果是患上焦慮症，那當然要立刻求醫，接受心理或藥物的治療；但在正常焦慮和焦慮症之間，還有不同的程度的焦慮，也許我們會有自救的方法。若是面對即時的焦慮，最重要的是令自己放鬆，其中一個有效的方法就是呼吸，先深深吸一口氣，忍住，再慢慢呼出，重複多次，人就會放鬆下來。但這只是治標的方法，要真正克服焦慮，可以從態度和思維兩方面講。

先講態度，面對焦慮或恐懼時，我們可以有接受、對抗和逃避三種反應，逃避只可以暫時免於焦慮或恐懼，並沒有解決問題，反而會加深我們的焦慮，最後形成焦慮症。焦慮可以對抗嗎？那視乎「對抗」是甚麼意思，如果對抗是指有意識面對焦慮，有時或許能夠克服焦慮，例如小時候我十分怕黑，當時我住在那種長條形的公共房屋，我住在其中一端，而同層有一位同學剛好住在另一端，兩者相隔了一條長長的走廊，當時在白天走廊是不會開燈的，所以這走廊就像是一條黑暗的隧道，由於怕黑，所以我會下

樓梯到地下，再從另一端的樓梯上去找這位同學，有一次我終於鼓起勇氣，走過這條走廊，也克服了怕黑。但如果「對抗」是指運用意志，叫自己不要焦慮或恐懼的話，往往是適得其反，例如叫自己不要緊張，就會越緊張，反而接受自己緊張會有舒緩緊張的功效，所以我認會接受焦慮是克服它的一個方法。

思維方面，我們要區分可以避免的焦慮和不可以避免的焦慮。所謂不可以避免的焦慮，指的是那些引發焦慮的事物是必須面對的，例如死亡和年老，我們要做的是管理好死亡和年老的焦慮，不要讓它們惡化成神經性的焦慮。至於那些可以避免的焦慮，比如說有些是來自錯誤的資訊或信念，如果能夠客觀地認識自己和周遭的情況，就可以消除。例如我剛升中學時，由於擔心自己會留級，對考試產生了很大的焦慮，我之所以這樣擔心的原因是班上有一位留級生，他告訴我只要任何一科不合格就會留級（這其實是錯誤的訊息）。為甚麼我不可以接受自己留班呢？原因是我認為留級是一種恥辱（這其實是錯誤的信念）。焦慮涉及未來的不確定性，某程度上，能客觀地認識自己和周遭的情況，就可以評估風險，作好準備，或者未必能完全避免焦慮，但至少可以減低。

此外，有強烈焦慮的人多數很在意他人對自己的評價，例如有社交恐懼症的人，並不是真的不想跟人接觸，而是害怕自己會在他人面前出醜，這其實是一種自我中心的思想，越是自我中心，就越害怕給人看低，越要跟他人比較，勝過別人。

身體	用呼吸法放鬆自己
態度	承認焦慮，接受焦慮
思維	客觀認識自己和環境 改變自我中心的思想

結語

我認為焦慮不單是最具哲學意味的情緒，也是一種根源性的情緒，有別的情緒是來自焦慮，例如對死亡的焦慮可能會引發出恐懼、沮喪或憂鬱。不過，也有心理學家否定焦慮是根源性的，例如阿德勒（Alfred Adler）就認為焦慮是來自自卑，自卑才是根源性的情緒。

焦慮的本質是害怕虛無，而在人生的過程中，出生時跟母親分離正是焦慮之始，最後死亡不就是我們要跟這個世界分離，歸於虛無嗎？無論是佛洛伊德講焦慮是源於跟母體分離，還是祈克果說焦慮是對虛無的恐懼，焦慮都涉及安全感，也跟自我有着密切的關係。存在主義神學家田立克（Paul Tillich）認為焦慮是非存有對自我肯定的威脅，在《存在的勇氣》（*The Courage to be*）一書，他討論了三種類型的焦慮，這涉及人的有限性、疏離性和虛無性，並對應着西方文明發展的三個時期。他主張只有接受終極實在，

即存在的根源，亦即是上帝，上帝是無限的，要無條件信仰，那就可召喚出意義，這樣才能產生肯定自我的勇氣。從這個角度看，似乎最後只有宗教才能幫助我們克服焦慮。

三種類型的焦慮

	威脅本體上的自我肯定	產生對命運和死亡的焦慮	源於人的有限性	對應古希臘文明，希臘悲劇就是有關命運和死亡
非存有	威脅道德上的自我肯定	產生對譴責和罪過的焦慮	源於人的疏離性	對應中世紀基督教文明，得救與否是當時最關心的問題
	威脅精神上的自我肯定	產生對空虛和無意義的焦慮	源於人的虛無性	對應現代文明，意義和價值的失落正是現代社會的特徵

也許田立克有關焦慮的說法過於思辨和抽象，以信仰克服焦慮亦未必為多數人所接受。最後，我想講卡倫·霍妮（Karen Horney, 1885-1952）對焦慮的看法，作為本章的結束。卡倫也是德國心理學家，早期患有心理病，對精神官能症有切身的體會，她反對佛洛伊德的焦慮理論，主張人的精神衝突是來自文化因素，並以三種人格類型來回應焦慮，分別是依從、對抗和逃避，但這些都是扭曲人的真實情感，有礙自我的成長。卡倫給我的啟示就是要真誠面對自己情感，才得以化解內心的焦慮。

三種扭曲的人格

依從人格	表面上對人親近，其實是強烈需要別人在情感上的支持
對抗人格	對人採取敵對的態度，實質是想獲取他人的重視
逃避人格	表面上對人冷漠，保持距離，其實對人情敏感，迴避以保安全

雖然孟克的《焦慮》不及他的《吶喊》著名，但其實兩張畫的背景設置是一樣的，血紅色的天空，對角線的構圖，分別是《吶喊》只有一個主要人物，但《焦慮》則佈滿了人。也可以將它們看成是同一個主題（有關焦慮和恐懼）的變體畫，反映着二十世紀初的焦慮氣氛。

《焦慮》(1894)

作者：孟克
原作物料：油彩
尺寸：94 x 74cm
現存：奧斯陸孟克美術館

2 憂鬱

憂鬱時，自我變得空虛貧乏

——佛洛伊德

大抵上，我是一個有着憂鬱性格的人，我自少就喜歡藍色，據說藍色正代表着憂鬱；遇上陰沉的天氣，我也很自然會有失落和消沉的情緒反應；還有，我是畫畫的，藝術家就常被形容為憂鬱的族群，據說憂鬱跟創造力有着密切的關係。

憂鬱跟焦慮有點相似，都是跟失去有關，不過焦慮是害怕失去，而憂鬱慮則是因為已經失去或知道將會失去。舉個例，死亡的不確定性帶來焦慮，這是死亡的威脅；死亡的確定性帶來憂鬱，我們必定會遭遇死亡，因而傷心難過。

如果說二十世紀是焦慮的年代，二十一世紀就可謂憂鬱的年代，根據世界衛生組織的說法，抑鬱症已經成為了全球的三大疾病之一，估計 2020 年全球有 3.5 億的抑鬱症病患者，每二十個人就有一個。但憂鬱跟焦慮相比，卻是「古老」得多，焦慮要到十九世紀才被人認識，而憂鬱早於古希臘時代就受人注意。被尊稱為「醫學之父」的古希臘醫師希波克拉底認為，人體內有四種不同的體液，分別是黃膽汁、黑膽汁、黏液和血液，影響着人的體質和性格。當這些體液處於平衡狀態，人就會健康；失衡則導致疾病，過多的黑膽汁會產生憂鬱；憂鬱的英文 melancholy 是來自 melan chole 這個字，意思正是黑膽汁。希波克拉提所講的憂鬱應該是指抑鬱症（Depressive disorder），跟寒冷和乾燥的天氣有關；此外，他研究過躁狂症，認為是由於分泌過多黃膽汁所致，跟溫暖和乾燥的天氣有關，他主張放血是治療這兩種疾病的方法。不過，今天醫學研究發現，抑鬱症是跟體內神經傳導物質的分泌失衡有關。中世紀時代，憂鬱被看成是一種罪，因為憂鬱將人推向絕望，遠離上帝，當時患上抑鬱症的人，就跟被判定為女巫的人一樣，會遭到獵殺，給活活燒死。從這個角度看，「希望」也許就是消解憂鬱的良藥。

四種體液論

西方的四種體液論有點像中國的五行學說，不但對應人的個性和外貌，還對應季節、方向、動物和星體。

	黃膽汁	黑膽汁	黏液	血液
個性	性急、易怒	憂鬱、孤獨	冷靜、緩慢	樂觀、自信
階段	成年	中年	老年	青年
天氣	炎熱、乾燥	寒冷、潮濕	溫暖、潮濕	寒冷、乾燥
季節	夏天	秋天	冬天	春天
動物	獅子	豬	羔羊	猿猴
星體	火星	土星	水星	金星

沮喪與憂鬱

通常我們不會無緣無故地憂鬱，雖然憂鬱的成因很多，但大部分人都是因為發生了不幸的事，例如親人死去、遇到意外、失業、失戀等等。亦有人單單因為陰沉的天氣而感到憂鬱，例如我自己就是這樣的一個人，所以我是不適宜住在北方，也許是這個原因，我自少就十分喜愛太陽。由於冬季的陰暗天氣引致的憂鬱，稱為「季節性情緒失調」，英文是 seasonal affective disorder，簡稱「sad」，是抑鬱症的一種，聽說住在北方的地方如冰島和挪威，就有較多比例的人患上這種抑鬱症。

憂鬱是一種哀傷、失落、意志消沉、無力和絕望的情緒，沮喪可以說是一種輕微的憂鬱。沮喪只是失望，但憂鬱卻是絕望，但持續的沮喪也有可能演變為憂鬱；在心理學上，沮喪亦是一個用來量度憂鬱的指標，而極度的憂鬱很有可能導致抑鬱症。

憂鬱

沮喪、憂鬱、抑鬱症

沮喪	心情低落，垂頭喪氣
憂鬱	意志消沉，失去活力
抑鬱症	持續悲傷、失眠、對日常活動完全失去興趣，甚至有自殺的傾向

通常沮喪跟我們的表現有關，例如經過長期的努力，仍未能達成目標，就難免會感到沮喪；或是本來表現良好，忽然間陷入低潮，自然也會沮喪。處於沮喪的人很容易會自責，例如怪責自己為甚麼這樣失敗，或是認為自己無用，甚至自我否定。不過，應付沮喪還是比憂鬱容易，憂鬱是深層得多，先不要急於振作起來，可以做些自己喜歡的事，轉換一下心情。要明白挫折根本是人生的常態，正所謂「誰遇挫敗不受傷」；也可以容許自己短暫消沉，自怨自憐一番；更重要的是，要有接受失敗的勇氣；其次就是分析失敗的原因，是目標訂得太高？還是自己某方面的能力不足？其實能夠沮喪的人是有着理想與追求，某種意義上也是優秀之人。

我說憂鬱比沮喪深層，意思是憂鬱跟自我密切得多；情況就如焦慮比恐懼深層，因為焦慮跟自我也是關係密切。佛洛伊德的《精

神分析引論》也有一章是談論憂鬱的，在這裏他將「哀悼」和「憂鬱」區分出來，哀悼是對失去所愛東西的情緒反應，這是正常的，無須干預；但憂鬱卻不同，是心理的疾病，患者不但對世界失去興趣，也失去愛的能力，甚至自我責備。佛洛伊德認為在哀悼時，由於所愛的對象已不存在，自我必須將「力必多」收回，再重新投入新的對象。然而，憂鬱卻將所失去的東西吸納為自我的一部分，這是因為患者不能將「力必多」轉移到新的對象，於是返回自身，認同失去的對象，佛洛伊德稱之為「內射」；但這樣就會出現自我的分裂，而患者對自我的批評，其實就是對所愛對象的批評，也就是由愛到恨。這正是為甚麼佛洛伊德說：「哀悼時，世界變得貧乏空虛；憂鬱時，自我變得貧乏空虛。」從佛洛伊德的角度看，憂鬱的人之所以有自殺的傾向，就是為了殺死入侵的對象。我認為佛洛伊德所講的比較接近抑鬱症，也許他並未對憂鬱和抑鬱症作出明確的區分。

雖然我並不太同意「力必多」的說法，但仍然覺到「哀悼」和「憂鬱」是有意義的區分，不過，最近這個區分給否定了。根據《精神疾病診斷與統計手冊》的最新版本，在診斷「重度抑鬱症」的指引中，刪除了「喪親之痛排除條款」；換言之，過去因喪親而來的情緒反應，即使跟抑鬱症相同，也被認為是正常的，但現在卻變成了心理疾病。這裏帶出了一些問題，誰有權判定心理疾病？由精神科醫生全權負責可以嗎？

同樣是遇上重大的挫折，有人沮喪了一回就可再次站起來，但也有人從此一蹶不振，演變為憂鬱，我認為其中的關鍵就在於個人

思想性格的差異，對事情作出不同的詮釋所致，容易演變為憂鬱的人，本身多數有悲觀的性格、持非黑即白的思維模式、美化失去的東西，或有誇大後果嚴重性的傾向。由於個人的性格和思維，對事物有過度負面的詮釋，導致壓力，於是產生出憂鬱的情緒反應。羅馬時代斯多亞派（Stoicism）的哲學家愛比克泰德（Epictetus）說：「擾亂人心的不是事物本身，而是我們對事物的看法。」從這個角度看，只要我們能夠改變態度，就不會憂鬱；這種強調人自主性的思想雖然有其優點，說來好像容易，但其實也有其困難所在，因為一個人的思想和性格並不是一下子就能改變的。

導致憂鬱的認知偏差

非黑即白	將事物二分，考第一才是成功，否則就是失敗
以偏概全	過度推廣，例如一次失戀就斷定自己以後都會戀愛失敗
印證偏誤	選擇性找尋支持自己信念的證據，例如只列出證明自己不濟的事例
災難化	將後果的嚴重性誇大，例如升不上大學就前途盡毀
美化	對失去的東西過度美化，例如離婚後就再找不到如意的伴侶

憂鬱除了是不愉快的感受之外，也包含對自我的負面評價，這些負面評價部分來自以上所講的認知偏差，但更有可能是源於小時候父母或師長對我們的批評，早就植根在我們的潛意識之中，內化成自我的負面評價。另外，憂鬱也會衍生出憤怒、羞愧和絕望等負面的情緒，例如我們可能會因為憂鬱而怪責自己，為甚麼自己如此不濟，愈怪責自己就會愈憂鬱，變成了惡性循環。

憂鬱引發的情緒

憂鬱	憤怒	對自己憤怒，為甚麼不可以振作起來
	羞愧	辜負了他人，或給旁人造成負擔而感到羞愧
	絕望	提不起勁，看不到出路而感到絕望

 # 憂鬱與抑鬱症

根據衛生署 2017 年的公佈，全港有超過三十萬人患上抑鬱症，每一百個成年人中，就有三個抑鬱症患者（若前面世衛的數字是正確的話，香港就有很多隱藏的患者未被確認），其中長者較為嚴重，每十個就有一個。而抑鬱症患者又多有自殺的傾向，但少於一半會尋求協助，其中以男性居多，難怪有人稱抑鬱症為「沉默的殺手」。四、五十歲人士也容易患上抑鬱症，因為一般來說，這是擔子最重的時期，一方面要照顧年邁的父母，另一方面又要養育尚未成年的子女，遇上甚麼挫折或困難，可能一下子就會崩潰。

要對憂鬱和抑鬱症作出明確的區分有點困難，因為兩者其實是一個不同程度的連續體，重度的憂鬱就是抑鬱症，根據《精神疾病診斷及統計手冊》，若擁有九項症狀中的其中五項，維持了至少兩星期，就是患了抑鬱症。患上抑鬱症當然是要接受治療，在醫學上，跟抑鬱症相關的神經傳導物質主要有血清素（serotonin）和

腎上腺素（norepinephrine），若兩者在體內分泌失衡的話，就會加重抑鬱的情緒。在精神上，抑鬱症的症狀是沮喪、失去興趣、絕望，甚至有自殺的傾向；而生理上，則是失眠、食慾不振、體重減少等。有人將抑鬱症形容為「黑洞」，它會吸走你所有能量，十分可怕。

判定抑鬱症的症狀

1	情緒低落
2	連平時喜歡做的事也失去興趣
3	食慾不振或飲食過量，以致體重減輕或上升
4	失眠或嗜睡
5	精神激昂或遲鈍
6	經常感到疲倦，失去活力
7	覺得自己沒有價值或有內疚感
8	集中精神有困難
9	經常想到死亡或有自殺的念頭

有一種非典型抑鬱症，屬於輕度抑鬱，跟一般抑鬱症有相同之處，如情緒低落和意志消沉，但只要讓他做自己喜歡做的事，心情就會好轉；此外，非典型抑鬱症患者有嗜睡和暴食的傾向，跟一般抑鬱症完全相反。抑鬱症也有可能演變為躁鬱症（bipolar spectrum disorder），這是憂鬱和躁狂兩種情緒交替出現的心理疾病，憂鬱的特徵是情緒低落和毫無活力；躁狂則相反，是情緒亢奮及活力大增，真的很難想像這兩極的情緒會在同一個人交替出現。

抑鬱症的分類

一般抑鬱症		失眠、食慾不振
非典型抑鬱症		嗜睡、暴食
產前抑鬱症	沮喪、沒有活力	是婦女特有的抑鬱症,可能是荷爾蒙分泌失衡和壓力所致
季節性抑鬱症		出現在冬季,由於日照不足所造成
躁鬱症		抑鬱與躁狂兩極情緒交替出現

如何醫治抑鬱症?除了藥物治療之外,還有心理療法,例如認知行為治療法、藝術治療法、森田治療法等等。認知行為治療是針對錯誤和扭曲的認知,例如前面提到非黑即白、完美主義和誇大後果嚴重性的思維模式,透過檢視自己的思維模式,患者就能察覺到這些認知偏差,繼而改善自己的狀況。藝術治療法是透過藝術創作或欣賞,讓鬱結的情緒得以抒發,淨化心靈。在眾多藝術之中,我認為音樂治療最有效,因為音樂跟我們的情緒有着直接的關係,例如高昂和節奏明快的音樂對應興奮心情,低沉和節奏緩慢的音樂則對應悲傷心情。可以先讓患者聆聽跟他心情對應的樂曲,淨化其負面的情緒,然後再聽相反的曲調,培養正面的情緒,個人認為,貝多芬 (Ludwig van Beethoven) 的《命運交響曲》和《悲愴奏鳴曲》最能對治抑鬱。至於森田治療法,是由有「日本佛洛伊德」之稱的精神醫學家森田正馬提出來,據説森田本身曾患有抑鬱症,也許是久病成醫,自己發明出一種治療的方法。簡單來説,森田治療法的精神就是「順其自然」,首先承認自己患病,沒有人是完全心理健全的,以平常心面對,繼續做日常要做的事,聽起來很有中國哲學道家和禪宗的意味。此外,多做運動也可減輕抑鬱,這是因為運動有助分泌多巴胺 (dopamine),令人心情愉快。

憂鬱與藝術

如果說焦慮是最具哲學性的情緒；那麼，憂鬱則是藝術味最重的情緒。一方面藝術有治療抑鬱的功效；另一方面，憂鬱又好像是創作藝術的要素。憂鬱和藝術的關係最早可以追溯至亞里士多德（Aristotle），他認為出色的藝術家、哲學家和政治家都是憂鬱的，在《提問》一書（有人認為這是亞里士多德後學所作），亞里士多德順着希波克拉提的說法，進一步指出若是黑膽汁輕微過量，那就會形成憂鬱的氣質，嚴重的話才會產生抑鬱症，並且認為憂鬱氣質跟創造力和智力有關。也有人從占星學角度，說憂鬱是「土星氣質」，跟天才、藝術和創造力聯繫在一起。但究竟為甚麼憂鬱會跟創造力有關呢？是否藝術家要透過創作才能抒發內心的鬱結？或是藝術家多數是完美主義者，而世間並不完美，他們也只有透過藝術才能追求完美呢？

音 樂 治 療

音樂能引導我們的情緒，對治療情緒病來說，比起其他藝術有更直接的關係和效果。

對治憂鬱	貝多芬的《悲愴奏鳴曲》，李斯特的《匈牙利狂想曲第 2 號》
減少焦慮	李斯特的《B 小調鋼琴奏鳴曲》，比才的《第 1 號 C 大調交響曲》
消除緊張	舒伯特的《小夜曲》，巴哈《G 上弦之歌》
降低怒氣	孟德爾頌的《E 小調小提琴協奏曲》，柴可夫斯基的《六月船夫曲》
增加活力	舒伯特的《軍隊進行曲》，比才的《卡門》
安定心靈	舒伯特的《聖母頌》，聖桑的《天鵝》

據說不少著名藝術家都有憂鬱或其他精神問題，例如米高安哲

奴 (Michelangelo)、梵谷 (Van Gogh)、貝多芬、柴可夫斯基 (Tchaikovsky)、托爾斯泰 (Tolstoy) 等等。根據美國精神病學家安卓森 (Nancy Andreasen) 在 1987 年的一項研究顯示，有 80% 的作家都有心理或精神問題，特別是抑鬱症。有可能是這些藝術家先天就有很高的藝術天分，用特殊的眼光來看這個世界，卻不適應這個世俗的功利社會，於是產生抑鬱。如果真是這樣的話，憂鬱就不是產生創造力的原因，而是具有創造力的人不適應世俗社會的結果。

叔本華 (Arthur Schopenhauer) 對於藝術家的憂鬱有其獨特的見解，他認為最終的真實只是盲目的意志，我們的日常生活就飽受盲目意志的支配，要滿足慾望，要追求利益，這就是為甚麼人生充滿痛苦的原因；幸好有藝術，在欣賞藝術的審美經驗中，我們得以暫時擺脫意志的勞役，精神上得到解放，產生審美的快感，這就是為甚麼他說藝術是人生的止痛劑。叔本華認為藝術家是天才，天才智性和意志的比例有別於常人，一般人的智性佔三分之一，意志佔三分之二，但天才的智性佔三分之二，意志佔三分之一；所以天才容易使理性擺脫意志的束縛，進行非實用和超利害的藝術創作。天才也有強大的感知能力和想像能力，通過藝術品，將其把握的理念傳達於人。由於天才所具有的智性，讓他看透了生存意志，瞭解人生的可憐，興起悲哀之念，這正是藝術家憂鬱的原因。天才不追逐世間的利益，為了創作而犧牲自身的幸福；所以在生活上天才多數陷入困境，潦倒落魄，梵谷就是一個典型的例子。從藝術中我們可以獲取真正的自由，那是精神的自由。這方面莊子有深刻的體會，雖然莊子認為人的生死、貴賤、

窮達、貧富和毀譽都是被決定的，但人可以追求精神自由，由技藝入道。通過藝術，我們可以得到真正的自由，這就是主體的精神自由，一種超越利害、苦樂和善惡的審美狀態。

藝術家憂鬱的原因

敏感	容易觸景生情，帶來情緒的困擾
智性	看透了人生，悲憫天下
孤獨	堅持己見，不獲他人理解
困苦	一心追求藝術，不善處理生活上的問題

精神分析學家克里斯德瓦（Julia Kristeva）繼承了佛洛伊德的憂鬱理論，抑鬱症的產生是由於當事人未能完成哀悼的過程，並進一步探討憂鬱跟藝術創作的關係。她在《黑太陽：抑鬱症與憂鬱》一書中，視藝術創作為抗衡痛失所愛的手段，使藝術家或觀眾得到心理上的支援，文學創作正是愛戀過去失去的東西，也許這是藝術具有治療抑鬱症的原因之一。克里斯德瓦也探討了西方藝術史上的抑鬱期，這正是宗教改革時代，她以侯伯（Hans Holbein the Younger）的《死去的基督》為例，這張畫的特別之處是毫無復活的暗示，像是將死亡的真實呈然出來，給人帶來恐怖，甚至是絕望的感受，反映出這個時代的抑鬱氣氛，俄國大文豪杜斯妥也夫斯基（Dostoevsky）看了此畫後大為震驚，在其小說《白癡》中也提到這張畫，還擔心有人看了這張畫會失去信仰。

事實上，很多藝術品都帶有憂鬱的色彩，例如羅丹（August Rodin）的《沉思者》，又例如德國浪漫主義畫家弗列德利赫（Casper David Friedrich）的作品，幾乎每一張畫都散發着憂鬱的

情意，孤單一人配置在有點怪異的風景之中。但說到跟憂鬱最有密切關係的還是杜勒（Albert Durer）以「憂鬱」為名的銅版畫，畫中充滿着憂鬱的象徵，著名的藝術史家如潘諾夫斯基（Panofsky）和沃夫林（Heinrich Wolfflin）都研究過這張畫，而這畫的名稱是《憂鬱 I》，似乎暗示了這是第一種憂鬱。根據當時德國哲學家內特斯海姆（Nettesheim）的說法，總供有三種憂鬱，分別是 1. 想像的憂鬱，2. 理性的憂鬱，3. 精神的憂鬱，它們對應着人類的知覺和技能，其中，想像的憂鬱是最低層，對應着天文學家、藝術家和建築師的工作，須要對自然世界具辨識能力。

我認為憂鬱本身就是一種審美性質，就像哥德的《少年維特的煩惱》，我們會沉迷在憂鬱之中，自傷自憐，好像世界沒有人會明白自己似的，獨個兒享受「憂鬱」，有一種「淒美」的感受。從這個角度看，憂鬱反而成為了一個「舒適圈」，這也可能是我們不願意走出憂鬱的原因。

憂鬱與自殺

患抑鬱症的人會有自殺的傾向，據說有高達 15% 的抑鬱症病者自殺身亡，而自殺的人也多多少少帶有憂鬱的情緒。絕望是抑鬱症的特徵，也多是自殺者的心態。印象中過往的自殺以老人居多，現在則蔓延到中老年的人，甚至是年青人。前幾年著名喜劇演員羅賓・威廉斯（Robert Williams）自殺身亡，據說就是患了抑

鬱症，他的死令很多人感到意外，因為在電影中他一向扮演着積極樂觀的角色，當然，一個藝人的形象跟他的真人是有分別的。看來從事藝術性工作的人正是自殺的高危者，畫家方面，著名的有梵谷、高更（Paul Gauguin）和羅斯科（Mark Rothko）；文學家就更多，著名的有海明威（Ernest Hemingway）、三島由紀夫、太宰治、川端康成等等。當然，他們未必都是因為抑鬱而自殺，但也可以肯定大部分是情緒病或精神問題。正如上一篇所說，我認為心理病和精神病是有分別的，大抵上，抑鬱症和焦慮症屬於心理病，不是精神病；精神病患者是分別不到現實和幻想，以精神分裂為其主要特徵，焦慮症和抑鬱症患者是能夠區分現實和幻想的。

自殺與心理和精神問題

抑鬱症	約 15% 患者自殺，多以服藥的方式
躁鬱症	約 25% 患者自殺，多以較激烈的方式
精神分裂	約 10% 患者自殺，多以更激烈的方式

憂鬱的無力感會令人陷於絕望，無論怎樣做都不能有所改善，就像希臘神話西斯弗的遭遇，由於冒犯了天神，西斯弗受到了懲罰，要將一塊巨石推上山頂，但巨石到達山頂後就會滾回山下，第二天又要再次推巨石上山頂，這樣不斷地重複下去。處於絕望的人只好放棄，最後以自殺來結束生命，就連生命都放棄。這裏有兩點我們須要注意，第一，當事人是否真的到了「絕境」呢？感到絕望並不表示我們真的到了絕境，其實大部分感到絕望的人都不是處於絕境，也許多嘗試幾次，再努力些就能突破困境，或至少有所改善；但問題是，處於抑鬱狀態的人最需要的是休息，

讓自己慢慢痊癒，而不是要再次加油努力，使自己傷上加傷。這樣說來，抑鬱症患者就好像是處於兩難之中，憂鬱需要休息，才可重新振作；絕望需要努力，才能逃出困境。雖然在世間我們會遭遇困境，但很少會像神話中的西斯弗，永遠是徒勞無功，而是多少也會有些改善；不過，沙特（Sartre）認為，即使是像西斯弗那樣，我們也可以想像他是幸福的，因為人生意義是我們自己賦予的。尼采（Nietzsche）說，人為了意義就能忍受痛苦；也可以說，有了意義，人就有生存下去的勇氣。要賦予意義，不妨找一個最合自己心意的哲學基礎，比如說康德哲學，作為一個理性自主的人，就有其內在的價值，以自殺來結束生命，逃避痛苦，就等於將人看成只是工具，損害人的自主性。如果是信仰基督教，那就可將自己看成是神的子女，有着神性超越的一面；若是佛教徒，也可以堅信自己擁有佛性，正在成佛的漫長路上前行。

絕望的程度

程度		應對
失望	遭遇挫折感到沮喪	要有接受失敗的勇氣
無助	人生處處碰壁，十分疲累	要讓自己休息，才可重新表振作
命定	一切努力都是徒然	可以改變自己的態度，尋求精神上的自由

我認為，只有希望才可以有效對抗憂鬱。希臘神話中的潘朵拉由於受不了誘惑，打開了盒子，釋放出負面的情緒如貪婪、沮喪、仇恨、恐懼、嫉妒等等，當她蓋上盒子時，只剩下希望在裏面。對於這個結局有兩個相反的解釋，一個認為希望尚存人間；另一個認為希望還在盒裏，沒有出現。

結語

現代社會之所以有那麼多人患上抑鬱症，我認為有兩個主要原因，一個是競爭文化帶來的壓力，雖然說競爭能帶來進步，但資本主義的高度競爭已令人十分疲累；另一個是享樂文化所致，快樂只能帶來短暫的滿足，不停追求快樂只會令人更加失落，應該以幸福代替快樂。

但甚麼是幸福呢？簡言之，所謂幸福就是喜樂和平靜的心靈狀態。也許對於面對憂鬱之苦的人來說，這些說話都有點「遠水不能救近火」的味道，我認為最好的方法還是讓自己休息，轉換一下心情，不要想太多，因為越想就會越鞏固以上所講有問題的思考模式。也許有時需要接納自己的情緒，接納自己有不完美的一面，還記得「順其自然」的森田治療法嗎？正如前面所講，憂鬱的一個原因是自我的負面評價，這很可能源自我們太在意跟他人比較，亦即是自卑。根據心理學家阿德勒的說法，自卑正是各種心理問題的根源；換言之，能消除自卑，多少能預防或減輕憂鬱。個人認為，李天命先生的「九一主義」能喚起主體獨一性，對消除自卑有所幫助。通常我們之所以自卑就是不如人，例如考第九的會覺得不如考第一的人，李先生指出雖然考第九的沒有考到第一，但考第一的也沒有考到第九。這個比喻旨在說明作為主體，每個人都是獨一無二的，我們都是自己世界坐標體系的原點。自卑源於與人比較，但主體或原點都是超越比較的，我們不可以說某個主體比另一主體更主體，或這個原點比那個原點更原點。

抑鬱症患者有自我否定的傾向，而強調自我肯定正好對治這個問題；由此可見，正向思考有其重要性。不過，人心其實是很複雜的，有時患者內心深處可以有着自我萬能的想法，或許這是人心理的平衡機制，但這畢竟是幻想出來的，所以重點是將患者拉回現實，不要太過脫離現實的「正向思考」。正向過度也是有問題的，比如說無條件地強調積極，急於叫抑鬱症患者站起來，但其實他們需要的是好好休息。正向思考的另一個盲點就是將所有問題歸結為個人，沒有正視背後的社會因素，例如以上所講的競爭文化。

正向思考的利弊

	利	弊
正向思考	有助改變自我否定的傾向	過度正向會脫離現實
	提供積極進取的動力	忽略社會制度的問題

雖然這本書談的是負面情緒，但其實負面情緒並不真是一無是處。試想想一個由少到大都沒有經歷甚麼挫折或不如意事的人，就不大能感受到這些負面情緒；那麼，他的人生很可能非常貧乏。正是這些負面情緒，才能讓我們領略到世界的豐富性。還有，這些負面情緒對我們來說其實是一種警告，例如恐懼可以幫我們避開危險；憂鬱出現時，就是要叫我們好好休息，重新積聚能量。對我來說，有點輕度的憂鬱還是好的，因為多愁善感才有利於藝術創作。

這是杜勒三大銅版畫之一，畫中有兩個天使，一大一小，而四周則擺放了各種工具。小天使好像是在畫畫，而大天使右手正拿着圓規，左手則托着頭，表情呆滯，似乎在沉思着如何創作，而天空的標語正是畫的主題「憂鬱」，憂鬱也成為了藝術家的特定氣質。

《憂鬱 I》(1514)

作者：杜勒
原作物料：銅版畫
尺寸：23.9 x 18.9 cm
現存：德國卡爾斯魯厄國立美術館

3

悲傷

悲傷是人類靈魂恰

當的哀愁

——湯馬斯

記憶中，第一次感到悲傷是六歲的時候，那一年的中秋節媽媽給我買了一個坦克車燈籠，我十分喜愛這個燈籠，整天地玩着，簡直是燈不離手，晚上還將燈籠伸出窗外搖來搖去，可能是太大力，斷了線，燈籠掉落街，為此我哭了整個晚上，第一次因失去深愛的東西而感受到悲傷。

悲傷是一種普遍的情緒，不同文化的人都會有悲傷的情緒，中國人有所謂七情之說，七情就是「喜、怒、哀、懼、愛、惡、慾」，悲傷就是哀。悲傷跟失去有關，我們之所以悲傷，就是因為失去了喜愛的東西，包括人和物；由此可見，悲傷是跟愛相連，有所愛，才會有所悲，也不妨說，悲傷是愛的一種表達方式。根據中國的五行理論，悲傷具有宣泄怒氣的作用，肝屬木，主怒，如果肝有問題就容易發脾氣；金可以克木，肺屬金，負責悲傷的情緒，生氣時可以借悲傷宣泄怒氣，用悲傷對治憤怒。

悲傷也是一種基本的情緒，基本的意思是無法化約為其他的情緒。上世紀七十年代，心理學家埃克曼（Paul Ekman）主張人有六種基本情緒，那就是憤怒、厭惡、恐懼、悲傷、喜悅和驚訝（後來他加入了羞恥和尷尬兩種情緒），除了驚訝之外，其餘五個包含在中國人的七情之中，也跟《玩轉腦朋友》（*Inside out*）這部電影中講的五種情緒一樣，看來喜悅、悲傷、憤怒、恐懼和厭惡不但是人類普通的情緒，也是基本的情緒。《玩轉腦朋友》是一部很有趣的電影，將情緒擬人化，透過戲劇的手法，帶出情緒跟記憶和性格的關係，後面我們會再講述這部電影。既然有基本的情緒，也存在複合的情緒，比如說「嫉妒」就是一種複合的情緒，由愛、憤怒、悲傷這三情緒所組成；「鄙視」也是一種複合情緒，由憤怒和厭惡所組成；「羞恥」則是由厭惡、後悔、恐懼組成。複合情緒之說有助我們瞭解各種情緒之間的關係，但並非所有情緒都可以用這個模式來解釋，而且我們也有不同的情緒組合理論。

最早提出複合情緒理論的是心學家普魯奇克（Robert Plutchik），他認為人有八種基本情緒，包括「喜悅、接受、恐懼、驚訝、悲傷、厭惡、憤怒、希望」，在「情緒之輪」之中，顏色的深淺代表情緒的強度，以悲傷為例，最強的是grief，稍弱為 sadness，最弱的是 pensiveness，而相鄰的情緒就組成複合情緒，例如後悔就是由悲傷和厭惡混合而成。

上一章我們探討了悲傷跟憂鬱的關係，遇到不幸的事，悲傷是正常的，過度的悲傷就可能演變成憂鬱。心理治療師柏恩斯（David D. Burns）特別強調悲傷和憂鬱兩者的差異，悲傷不但是人的正常反應，更能讓我們認識自己，擴大人生的經驗；相反，憂鬱令人自我封閉，局限我們的視野，看不到人生的前路或其他可能性。

 ## 難過與悲痛

人生在世，難免會碰上不如意事，傷心難過是必然的，例如遭父

母責罵，或考試不合格，很自然會難過一會，但不致於悲傷；或者可以說輕度的悲傷就是難過，而嚴重的悲傷可稱為悲痛，例如失去至親。

悲傷的程度

難過	輕度的悲傷，如失去重要物品
悲痛	極度的悲傷，如至親死亡

正如前面所講，悲傷跟失去有關，除了物件和人之外，失去的也可以是經驗。我們可以將悲傷分為三種，第一種是成長性的悲傷，人生要經歷不同的階段，離開某個階段而進入新的階段，可能會有失落的問題，例如入讀小學、出來社會工作、結婚組織新家庭等等，這種失落跟人的發展有關，也帶來壓力；但通常不會有太大的影響，而且很快就會適應。在《玩轉腦朋友》這部電影中，主角由於搬家，離開了熟悉的環境，產生了失落的問題，後來由於過度抑壓才令情況變差，不但沒有了喜悅，還失去了悲傷，只剩下了憤怒、恐懼和厭惡這三種情緒。第二種悲傷比較嚴重，因為我們失去的是重要東西，例如親人身故、離婚、染上絕症、身體遭到嚴重傷害等。第三種悲傷跟我們的預期有關，例如患上重病最終會導致失去自主性或死亡。

悲傷的程度通常跟失去東西的重要性成正比，而重要性又跟可否代替有關，如果我失去一本很喜歡的書，通常不會太難過，因為可以買過一本，損失的只是金錢；但如果失去的是一張我很喜歡

的畫，那就會較為難過，但想到可以再畫一張，亦不致太悲傷；如果失去是至親的話，那就是無可替代，所以通常悲傷程度最高。文章開始時我提到兒時因失去了燈籠而痛哭，原因之一就是我認為那個燈籠是獨一無二的，即使買一個同款式，也不是同一個燈籠。

表達悲傷的英文字主要有兩個，一個是 sad，另一個是 grief，後者指的是嚴重的悲傷，可稱為悲痛，通常為一個過程。例如上一章佛洛伊德講的「哀悼」，如未能完成整個過程，就有可能導致憂鬱。又例如，美國精神病理學家庫伯勒（Elisabeth Kubler-Ross）根據其對末期病患者的研究，主張悲傷有五個階段，第一個是否定，否認自己患病；第二個是憤怒，為甚麼這麼不公平，自己會患上此病；第三個是討價還價，比如說跟上帝「講數」，如果讓自己康復就會做些甚麼作為回報；第四個是抑鬱，知道痊癒無望，意志消沉；第五個是接受，面對現實。當然，並不是每一個末期病患者都會全數經歷這五個階段，有人可能沒有經歷第一、二個階段，就直接進入第三個階段；也有人在第四個階段就自殺死了，走不出哀傷。另外，庫伯勒的研究是基於末期病患者，也可能不大適用於其他情況，例如喪親之痛。

第一階段：否定	當我們遭逢巨變，面對重大損失時，第一個反應很可能是否定事實，或不願意接受	
第二階段：憤怒	當我們意識到不幸的事的確發生了，很可能無法接受，為甚麼世界對我如此不公，引致憤怒	
第三階段：談判	當憤怒無法改變現狀時，我們可能會嘗試跟上帝或命運討價還價，希望藉超自然力量改變自己的遭遇	
第四階段：抑鬱	當奇跡沒有出現時，我們會變得意志消沉，沒有希望，進入抑鬱的狀態，可能會有自殺的傾向	
第五階段：接受	若能走出抑鬱，就會接受現狀，思考未來的出路	

在表達悲傷上，男女也有顯著的分別，部分原因是性別角色所致，例如男性要堅強，不要哭泣，所以我們見到女性多以哭泣表達哀傷，而男性則以憤怒來表達悲傷。由此可見，悲傷會衍生其他情緒，除了憤怒之外，也可能有內疚和懊悔，例如父母突然患病離世，悲傷之餘，可能會責怪自己為甚麼不多些陪伴，或是沒有關注他們的健康狀況。有時即使事情過去了很久，但回想起來，仍可能會產生悲傷的情緒，那是有感自己的悲傷遭遇而悲傷，心理學家稱之為二次悲傷。

一切皆苦

由於我們的身心結構和所處的世界，決定了人生必須經歷悲傷，

正如佛陀所說，人生有四大痛苦「生、老、病、死」，病是失去健康，死是失去生命；那麼，生失去的又是甚麼呢？我雖然相信輪迴轉世，但跟佛教所講的有點不同，比較接近柏拉圖的觀點，我認為人未投生之前，靈魂是存在於實在界，過着自由自在的精神生活，投生之後，靈魂被肉體束縛，失去的就是自由。從這個角度看，靈魂在投生時之所以會悲傷，就是因為它失去了自由。如果不相信輪迴轉世的話，也可以這樣瞭解生之苦：生就是出生，嬰兒跟母體分離，離開了舒適的環境。老又失去甚麼呢？人越老，就越失去自主性，事事要依靠他人，衰老之苦就是精神和體力都大不如前，如記憶力衰退、行動不便、說話不清等，某程度是回到嬰兒狀態；不過，嬰兒是惹人憐愛，老人卻往往令人討厭，老人也自覺被社會疏離，變成了包袱，而且老又表示離死期不遠，這正是老的悲傷。

在「生、老、病、死」四者之中，以死亡帶來的痛苦和悲傷最大，很多人都接受不了至親的死亡而悲痛萬分。佛經就記載了一個故事，女子因死去了孩子而極度悲傷，她請求佛陀令其孩子復生，佛陀對她說，如果她能找到一個未有失去所愛的家庭，並取得芥子末，就會答應她的請求；可是，她走遍全城，也找不到這樣的家庭，於是她明白到每個家庭都會經歷喪親之痛，這是人生必經之事。

佛教可謂最重視人生之苦的宗教，除了四苦之外，還有三苦、八苦和十二苦之說，真是「苦苦相逼」。八苦是四苦再加上愛別離苦、怨憎會苦、求不得苦、五陰盛苦。愛別離是跟相愛的人分

離，所謂生離死別，失去至親所愛，如父母、伴侶或子女。怨憎會則是與討厭之人共處，如苛刻的上司、卸責的同事、信仰衝突之人等。求不得帶來的痛苦相信人人都會經歷，如求學、求愛、求職失敗。至於五陰盛苦，指的是肉體帶來的煩惱，主要是飲食男女之慾，這兩種本能慾求的確給人很大的痛苦，尤其是覺醒於精神生活的人，又必須滿足這些本能慾望。十二苦則是八苦再加上愁、悲、憂、惱這四苦，相信大家都曾經歷這些負面的心理狀態，生活在這個世間，根本就不能避免。

至於三苦，就是「苦苦」、「壞苦」、「行苦」，苦苦可解為人生本身就是苦，包括十二苦；壞苦即破壞之苦，是指理想狀態的破壞，例如和睦家庭變成破碎家庭，公司破產導致結業，由於快樂的狀態消失而產生痛苦；行苦即是不斷變化之苦，例如對於美女來說，年紀大了，美貌不再，真是十分痛苦的。行苦跟佛教的緣起觀念有關，比之前兩種苦更加基本，或許可以這樣說，苦苦是具體的痛苦，壞苦較為抽象，行苦的抽象性最高，並可用來解釋苦苦和壞苦。

三苦、四苦、八苦、十二苦

三苦	苦苦	十二苦	八苦	四苦	生 老 病 死
					愛別離 怨憎會 求不得 五盛陰
			愁 悲 憂 惱		
	壞苦	理想狀態破壞所產生的苦			
	行苦	不斷變化所產生的痛苦			

從佛教的角度看，苦是生命的常態，比如說飢餓是苦，吃飽了才有樂；但這種樂是依存的，是變數，苦才是基本，是常數。苦乃世界的真相，所以苦就是真理，佛教所講的四法印之一就是「一切皆苦」，而四聖諦為首的也是「苦諦」。從「一切皆苦」這個角度看，難免會產生悲觀主義；但佛教主張的是「離苦得樂」，那就是要成為覺者，擺脫輪迴，跳出三界之外，佛教的各種修行最終都是為了這個目的。但對一般人來說，這個終極解決痛苦的方案未免是太長遠了，也不知要經歷多少次輪迴轉世，還有退轉的可能，而且每一次投生都會忘記前生種種，好像甚麼都要重頭來過。不過，我們還可以從這裏認識到一點道理，化解悲傷之道在於賦予希望。

悲智雙運

佛家主張「悲智雙運」，那就是運用悲和智來解除眾生的痛苦。

悲	由悲生出憐憫之心，發願解救眾生，拔取痛苦
智	運用智慧，用各種方便法門，達成目標

走出哀傷

對一般人來說，最悲痛的莫如至親去世，但哀傷的情況又要看死者跟當事人的關係，父母、配偶、子女各有不同，也視乎死者和當事人的年齡而定。比如說如果父母是得享高齡而去，傷痛就不會太大，根據廣東人的傳統，高齡而非死於非命者，其葬禮可稱為「笑喪」；但若是年幼的子女過世，那悲痛就如刀割一樣；有時配偶過身，悲傷之餘還可能帶點憤怒，因為剩下自己一個人來承擔一切。還有，逝者如何過身也有很大的影響，如果是患病了一段時間才過世，家屬就有充分心理和時間準備；但若是突然身故，那衝擊一定很大；若是自殺的話，就更加會對家人產生負面的影響。

當然，面對生離死別時，各人的反應都不盡相同，有人是可以很理性冷靜地處理，記得二十多年前，我在港大校外部教授思方之類的課程，有一次下課後，一位女士對我說她的兒子在上星期的

飛機失事喪生了，她知道這消息時正在上我的課，我十分驚訝有人遇到這種事會如此鎮定，還可以繼續上課，好像是對她絲毫沒有影響，難道真的有人能如此看透生死？也許真的有人做到，但對一般人來說，還須學習如何走出哀傷。走出哀傷有三步曲，依次為 1. 接受失去的事實，2. 表達傷痛，3. 重回生活。我認識一個人，即使兒子過世了好一段時間，若有人找他兒子，他還是說「去了外地旅行」，那明顯是不願意接受現實。在表達傷痛方面，通常男性比女性差，也許自少受了「男性要堅強，不要哭」的思想所影響。哭泣其實是表達傷痛的好方法，找人傾訴也是另一個方法，這方面通常又是女性比男性優勝。中國人的性格較為內斂，傾向隱藏個人情緒，特別是負面的情緒，或許這是傳統禮教束縛的文化影響，當眾表達悲傷或憤怒都被認為是不夠體面；但不要過度抑壓情緒，先接納自己的情緒，覺知自己的情緒，才能慢慢改善。重回生活不單是對自己而言，也涉及到整個家庭，要思考如何在逝者不存在時重建家庭生活；死者在家庭的地位，也對家庭產生很重要的影響，比如說若死者是整個家庭的核心，維繫着家庭成員，其死亡可能會導致家庭解體。

悲傷的迷思

找尋代替品，如忙於工作	這只能暫時分心，一個人靜下來時悲傷還是會出現的
時間會治癒一切	對於重大的失落，可能一輩子都不能平復
人要堅強，別再傷心	哭泣是表達悲傷的好方法
不想見人，獨自承受	有人陪伴和傾聽有助舒緩情緒

在中國人的喪禮中，最常聽到的一句話就是「節哀順變」，但有
人認為這是否定喪親的感受，且毫無幫助。其實那不過是禮儀
上的安慰話，用不着這麼認真；我反而認為這句話正好反映出儒
道兩家對喪親之痛的看法，「節哀」是儒家，「順變」是道家，就
讓我分別以孔子和莊子的故事加以解釋。根據《論語》的記載，
孔子在弟子顏回死時表現得十分悲傷，這是因為顏回是孔子最得
意的弟子，猶如自己的親人，但當顏回的父親顏路想要求孔子把
車子賣掉，買「椁」給兒子作安葬之用（根據古制，棺木外面要
加個罩子，叫做「椁」），孔子卻拒絕了，原因是他身為大夫，沒
有車子是不合乎禮的。從這件事看來，孔子十分重視禮，禮是用
來節制我們的行為，這也是為甚麼孔子那麼堅持「三年之喪」之
禮。當至親死了，悲傷是正常的，但要用禮來加以節制，禮也需
要樂的配合，音樂讓我們的情感得以抒發，此所謂「禮樂並舉」。
至於莊子，跟孔子可謂大異其趣，莊子在妻子死後，不但沒有悲
傷，反而在家裏敲盆唱歌，有人問莊子為甚麼這樣做，莊子說萬
物不過是氣的變化而成，死不過是回歸於氣的狀態，又有甚麼可
悲呢？當莊子快要死的時候，其弟子正商量如何安葬他，莊子卻
說葬在地下是給螞蟻吃，丟在荒野是給老鷹吃，這又有甚麼分別
呢？當我們明白到萬物一體的道理時，就能順其變化，哀樂不入。

如果說孔子是通過禮樂來節制和抒發哀傷，莊子則是以道的智慧
來擺脫情緒的束縛；至於西方哲學家，多數主張用理性克服悲
傷，著名的有斯多亞學派。塞內卡（Seneca）是斯多亞學派的重
量級哲學家，他寫了一本書叫做《論憤怒》（On Anger），可謂首
本談論管理情緒的專書，今天心理學某些技巧都是來自塞內卡。

在克服悲傷方面，塞內卡有幾個主張比較重要，第一，可以悲傷，但不要過度，過度就會失衡。第二，運用想像，想像一下死去的至親真的希望我們會為他而悲傷，或是希望我們可以收拾悲傷，繼續前行呢？塞內卡甚至主張在至親未離世之前，運用想像法，想像他們的離世，這樣我們不但可以事前有所預習，而且更會珍惜跟他們相處的機會。第三，回想他們在生時跟我們一起的快樂時光，如果他們從未出現，豈不是更差嗎？另一位斯多亞學派哲學家愛比克泰德主張「控制二分法」，就是區分出有甚麼事情是我們自己可以控制，有甚麼不可以，例如我們不可以控制別人對自己的看法，但可以控制自己的內心；所以面對悲傷時，重點還是在於自身。在這方面，現代法國哲學家阿蘭（Alain）就闡明得較詳細，他寫了一本書叫做《論幸福》，主張幸福是來自我們的意志和自我克服，他教導我們一些更積極的方法來面對悲傷，例如轉換心情、明白到執着於過去的悲傷是有害的、必須採取積極的行動、感受他人的幸福等等。

德性與情緒

克服負面情緒的一個方法就是建立相應的品德。

對治	培養
焦慮	平靜
恐懼	勇氣
悲傷	希望
嫉妒	自尊
憤怒	仁慈

悲劇人生

著名的棟篤笑表演者黃子華說，演員的專業就是玩弄自己的情感，其實欣賞戲劇或電影又何嘗不是，比如說我們喜歡看恐怖片，就是想感受恐懼，但又不用付出危險的代價；同理，我們在觀賞悲劇時，也就是不用付出遭遇不幸的代價就能感受到悲傷；但為甚麼我們須要感受悲傷呢？早於古希臘時代，觀賞悲劇已是民眾的日常娛樂，近代則有沙士比亞的悲劇，黑格爾甚至說悲劇是最高級的藝術。究竟悲劇的真正價值在那裏呢？

亞里士多德認為，悲劇的價值在於淨化我們的情感，去除過多的憐憫和恐懼，有助心靈的健康；但亦有人認為若我們缺乏的是憐憫和恐懼，觀賞悲劇則可以補充之，這亦符合亞里士多德的中庸原則，過多和過少都是不好的，適中才是平衡。叔本華對於憐憫和恐懼則有不同的看法，他認為悲劇先令觀眾產生恐懼，因為擔心不幸會降臨自己身上，繼而同情主角的遭遇，產生憐憫，最後明白到萬物都是受盲目意志的勞役。叔本華認為，悲劇的意義在於體驗人生的苦難和表象的虛幻（世界只是意志的表象，意志才是真實），否定生存的意志，由此得以解脫。但問題是，西方沒有一套悲劇的結局是否定生存意志的；然而，叔本華反過來認為西方悲劇未達悲劇的高峯。似乎只有中國的《紅樓夢》符合叔本華的要求，在《紅樓夢》中，主角賈寶玉含玉而生，「玉」跟「慾」同音，似乎象徵了人生的各種慾望，最後賈寶玉出家為僧，又似乎象徵着對生存意志的否定。但為甚麼不是自殺呢？叔本華認為，自殺只是否定了生存意志的個別顯現，並沒有否定生存意志

本身，採取禁慾主義才是否定生存意志的方法；但問題是，欠缺宗教信仰的禁慾主義只會淪為理智的遊戲，沒有實踐的意義，就連叔本華自己也不是一個禁慾主義者。

悲劇的三種不幸

三種不幸	例子
不幸是源於劇中人物的邪惡	《奧賽羅》中的阿古
不幸是源於命運的作弄	《伊底帕斯王》中伊底帕斯王被命運注定要殺父娶母
不幸是源於劇中人物的關係，及其行為和性格	《羅密歐與朱麗葉》的家仇背景

在各種悲劇理論中，我比較欣賞黑格爾的說法。黑格爾認為悲劇的不幸是由於衝突所造成，衝突在於兩種普遍精神力量的對立，而理想的悲劇就是刻畫兩種對立的倫理力量所產生的衝突，例如在《安提戈妮》這部悲劇中，主角安提戈妮為了安葬死去的哥哥而違反了國王的禁葬令，這就是親情和國法之間的衝突，雙方都有辯護的理由，主角為此受苦或死亡，這正是命運的合理性。悲劇不單表現衝突，還要通過衝突來達致和解（這是形而上的意義），這樣悲劇結局才能令觀眾產生精神上的安慰；因為主角的悲慘下場是勢所必然，可以讓觀眾的情緒平靜下來。悲劇的恐懼是由理性所規定的倫理力量所致，觀眾感到憐憫也是基於倫理的理由。從這個角度看，悲劇的意義在於正視人生的苦難而永不妥協（一般人之所以不會成為悲劇英雄的原因就是我們很快就會妥協），繼而激發起我們的崇高精神，這就是我們觀賞悲劇時產生快感的原因之一。個人認為，這種崇高的精神，有助於我們面對

充滿痛苦和缺憾的世界。

在化解悲傷方面，不可以忽視藝術和美的力量。個人認為，美能轉化悲傷，將哀傷變成哀悼，這就是為甚麼喪禮和拜祭都需要鮮花的原因。尼采說得更厲害，他主張藝術是人生的興奮劑，令我們有力量面對痛苦的世界。

悲 劇 的 價 值

柏拉圖	沒有價值，悲劇只會滋長不良的情感，令人難受理性的控制
亞里士多德	悲劇能淨化憐憫和恐懼的情感
叔本華	最好的悲劇能令人放棄生存意志，是一種贖罪
尼采	悲劇具有酒神和太陽神的精神，使人有力量面對醜陋的現實

結語

托爾斯泰說：「唯有去愛的人，才能承受悲傷之痛；也唯有去愛，才能治癒悲傷。」正如前面所說，有所愛，才會有所悲，悲與愛是相連的，悲傷能激發我們的憐憫之情。悲傷提供了自我認識和成長的機會，令人變得深刻；因為悲傷能令人緩慢下來，好好地認真思考，悲傷也讓我們有機會體會希望和意義。十三世紀波斯神祕主義詩人魯米（Rumi）說「悲傷是讓你為喜悅做好準備。」七個世紀之後，美籍黎巴嫩裔詩人紀伯倫（Kahlil Gibran）好像呼

應着魯米，說「悲傷鑴刻入你的形體越深，你所容納的喜悅就越多。」悲傷仿佛雕刻着我們的靈魂，我們所受的痛苦越多，靈魂也越美麗。從這個角度看，悲傷與喜悅也是相連的，沒有悲傷，也不能真正體會快樂的價值，就好像《玩轉腦朋友》這部電影中，「悲傷」認為自己不單毫無價值，反而會增添麻煩，完全否定自己；但跟「喜悅」經歷一連串的冒險後，才明白到五種情緒各有功能，而「喜悅」也認識到壓抑悲傷的情緒是不好的，悲傷其實有着團結眾人的力量，也只有經歷過悲傷，快樂才顯得更有價值。

正面與負面的情緒

在五種普遍情緒中，悲傷、恐懼、厭惡和憤怒都是負面情緒，只有喜悅是正面情緒；但其實情緒各有其功能，負面情緒也有其價值。

負面情緒	讓我們避開危險
正面情緒	令我們積極前行

雖然悲傷有以上的好處，但悲傷亦有可能把我們吞噬。人世間已經有太多的悲傷（生、老、病、死已是人生必經階段），實在用不着經歷更多。最後我想介紹李天命先生的天人學，相信亦有助於我們化解悲傷。李先生的天人學中有所謂「天人四諦」，第二諦叫做「事恆角度」，是一個觀照世界的形上角度，根據事恆角度，雖然事物會毀壞，但事物曾經存在的事實卻不會消失，例如我因失去了一件珍貴的東西而傷心難過，但我曾經擁有這件東西的事實卻不會失去。當然，談到失去，最悲痛的莫於生離死別，「天人四諦」的最後一諦叫做「神祕樂觀」，那是對治死亡的問題，信託宇宙是我們的本源，肯定最終都會得到圓滿的結果，至於具

體內容則是我們現在無法得知的，故名神祕樂觀，那是最大的樂觀。不同宗教對於死後如何的看法有很大的差異，有時甚至是互相矛盾，究竟誰是誰非，我們亦很難判斷，例如佛教說有輪迴轉世，而基督教卻否定輪迴轉世，人只有兩生，死後上天堂得享永生，或下地獄受永恆之苦；至於李生所講的神祕樂觀，由於所陳述的內容極少，被推翻的機會也越低。

李 天 命 的 天 人 四 諦

九一妙心	處理自我的問題，清除自卑	生存得愉快和有意義
情愛宗教	處理他人的關係，安頓情感	
事恆角度	視察宇宙的觀點，對治虛無	面對死亡而不失寧定安然
神祕樂觀	涉及死後的世界，消解恐懼	

這是梵谷在精神病院情況稍好時畫的，但仍存在着悲觀色彩。畫中有一個老人，用雙手掩着面，是正在痛哭嗎？還是絕望地等待着死亡的降臨呢？此畫是梵谷根據八年前的一張素描畫成，這兩張畫差不多，只是題目不同，素描那張叫做「絕望的老人」，由絕望到永恆，是否表示信仰才是消解悲傷的終極方法呢？

《永生之門》(1890)

作者：梵谷
原作物料：油彩
尺寸：82 x 65 cm
現存：荷蘭奧杜羅‧庫拉穆勒美術館

4

羞恥

羞恥是我們靈魂所承受的最大震撼

——普魯奇克

記得讀中一的時候，由於害怕會留級，於是努力讀書，竟然考到全級第一名。為甚麼我那麼害怕留級呢？因為我覺得留級是一種恥辱，說來有點誇張，但當時的確有這種感覺；不過我並非看不起那些留級生，只是接受不到自己是這樣。

長大後，我經常思考為甚麼當時會有這種羞恥感，或許這是自我期許，留級實在太丟臉了。但自我期許又來自哪裏呢？那是來自父母，說得明確些，就是用好成績來報答父母。中一時音樂課有一首歌叫做《讀書郎》，正好說明這一點，還記得部分歌詞：「小嘛小兒郎，背着那書包上學堂，不怕太陽曬，也不怕那風雨狂，只怕先生罵我懶那，沒有學問囉，無臉見爹娘。」讀書為了父母，為了光宗耀祖，就像我的名字一樣，這是累積了二千多年的傳統儒家文化，正所謂「揚名聲，顯父母」，為的是報答父母的養育之恩，或許這就正是中國人特別勤奮背後的「成就動機」。我以為，這種文化要求就是透過「羞恥感」內植於自我之中，變成了自我期許，所以當我想到有可能會留級時，為了不丟臉，就只有努力向上，此所謂「知恥近乎勇」。難怪有人認為中國文化是屬於恥感文化，跟西方基督教的罪感文化有着明顯的差異，第三節我們會討論兩者的分別。

另一個令我有深刻印象的羞恥感事例，大概發生在我九年歲那年，有一次周末早上跟爸爸上班，爸爸當時在摩利臣山工業學院工作，學院對面就是摩利臣山公共游泳池，這裏有一個免費泳池，給兒童嬉水之用，爸爸安排我在這裏玩水，然後自己就去工作，但我並無泳褲，爸爸卻說：「小孩子不要緊。」於是我就做了人生第一次裸泳，初時沒有人還好，後來越來越多人到來，我就只好蹲在水裏（泳池的水十分淺），用雙手緊緊抱着膝頭，不敢移動，滿臉通紅，害怕給人發現，心裏感到十分羞恥，痛苦地等待着爸爸回來。對裸露感到羞恥，就跟留級一樣，都是在意他人的注視；不過，裸露較有普遍性，留級則是特定文化的產物。

羞恥、難堪與屈辱

羞恥跟一般的自然情緒如喜、怒、哀、懼不同，羞恥是社會性的，也和道德有着密切的關係，動物是不會感到羞恥的。通常是做了錯事（道德意義），被人揭發後出現的情緒，感到慚愧和痛苦，無地自容，例如考試作弊被抓、偷東西被補、捉姦在牀等等。羞恥的另一個原因是感到自己的表現未如理想，對家庭或社會沒有甚麼價值或貢獻。由此可見，無論是道德和能力，羞恥都涉及評價，特別是社會對個人言行的評價。

羞恥的常見原因

原因	例子
違反了道德規範	偷了東西被人發現
未達理想目標	考不上大學

有兩種情緒跟羞恥很相似，那就是難堪和屈辱，不妨說它們只是程度之分，難堪是輕微的羞恥，屈辱則是強烈的羞恥。就以上面的泳池事件為例，如果我可以找到方法遮蔽自己的身體，那感覺可能只是難堪；但如果我是被爸爸懲罰的話，那就變成了屈辱。無論是難堪、羞恥或屈辱，都是在他人的注視下才會出現的，跟社會規範有着密切的關係，屬於社會性的情感。

不過，也有理論認為難堪與羞恥有着顯著的分別，難堪泛指因失禮而產生的拘束感，而羞恥則跟自我有更密切的關係，通常是由於自我未達理想而感到羞恥。社會學家高夫曼（Erving Goffman）

認為，難堪發揮着重要的社會功能，使我們在社交場合上能為他人著想，約束住不當的行為。不過，有時難堪會限制個人的發展，舉個例，小時候若在陌生人面前或當眾說話，我會感到十分難堪，甚至滿臉通紅；我想這大概是由於在傳統的教育下，小孩子在大人說話時插嘴會被視為無禮，甚至遭到責罵，這樣慢慢就養成了容易難堪的表現，怕被人注視。從這個角度看，難堪會抑制人的個性，又例如以前我常常會處於一個兩難之中，就是在車廂裏要不要讓座，本來讓座給有需要的人是對的，但我又害怕旁人的注視，有一次鼓起十足的勇氣才做出讓座的行為，說來有點誇張，卻也是事實。總之難堪會令人容易退縮，妨礙社交及跟別人合作。

跟難堪一樣，屈辱也是發生在眾人面前，有一種被貶低的感覺，有時屈辱也可以是一種懲罰，記得小學時的老師就常常要犯規的學生罰企；當然，對於「慣犯」來說，那是沒有甚麼阻嚇作用，但可以阻嚇其他人犯規。作為一種懲罰，屈辱固然有阻嚇的作用，但有人認為更重要的是令人謙卑，「謙卑」的英文是 humble，「屈辱」的英文則是 humiliation，由此可見謙卑和屈辱有着密切的關係。對於一個狂妄自大的人來說，羞辱有可能令他認識到自己的問題，變得謙卑。但屈辱也有可能播下仇恨的種子，帶來報復，所以有人形容屈辱為「情緒的核彈」。別看輕屈辱，種族滅絕的慘劇往往是來自種族的屈辱。

難堪與屈辱的利弊

	難堪	屈辱
利	約束不當行為	使人謙卑
弊	有礙個人發展	引致報復

當然，如果當事人不覺得是屈辱的話，那對他就沒有懲罰的效果，正如前面提到那些經常被老師罰企的「慣犯」。但也有些人很容易會感到屈辱，他們全身仿佛充滿着死穴或是敏感地帶，只要一碰觸就會有受辱的反應，以為別人在嘲笑自己，黑道中人往往如此，還記得《旺角卡門》這部電影嗎？其中有一幕是講述張學友飾演的「烏蠅」，正在羞辱萬子良飾演的「Tony 哥」，Tony 哥為了錢而甘於受辱，就連他的手下也看不起他。的確，在黑道中人的眼中，得到手下的尊重是其尊嚴所在。當然，每一個人都可能有着不同的死穴，我有一位朋友，是一位作家，一次他跟某出版社合作，編輯要求他先寫一篇「樣稿」，讓選題會審核，誰知這竟然刺中他的死穴，說這是對他的極大羞辱，還問我：「如果要求你交樣稿，那你不覺得是屈辱嗎？」也許他認為自己已是成名的作家，還要給人審核，那真是極大的屈辱；幸好我並未到達他這樣的「級數」，否則我就經常受到屈辱了。

羞恥之源

羞恥感從何而來？中西文化有着截然不同的解釋，先講西方文化，英國哲學家威廉斯（Bernard Williams）在《羞恥與必然性》（*Shame and Necessity*）這本書指出，羞恥跟裸露有關，就好像上面提到我的經驗，給人看到裸體而感到羞恥，這和性相干，所以羞恥的反應就是遮掩自己的性器官。自泳池事件後，我不時做夢都會發現自己沒有穿上褲子，要蹲下來，拉低衣服遮蔽下體，也許這是潛意識作怪。根據基督教的說法，人類的始祖亞當和夏娃原本生活在無憂無慮的伊甸園，雖赤身露體卻沒有羞恥之感，後來受了蛇的誘惑，偷吃了能判斷善惡的智慧之果，才因裸體而感到羞恥。中世紀神學家奧古斯丁（Augustine）認為，羞恥正是人墮落的象徵，也是背離上帝所得到的懲罰，他指出在人墮落之前，人的性器官是受到自由意志的控制；但人墮落之後，性器官就不受控制，出現了「靈慾之爭」，自此性慾和裸體就跟羞恥關連起來。根據聖經這個故事，羞恥之源可以說是「犯罪」，羞恥正是上帝對人類的懲罰。如果人不承認罪過，就會像亞當一樣逃避上帝並推卸責任，委過於夏娃，永遠活在羞恥之中。從這個角度看，羞恥完全是負面的。

中國文化以儒家為主流，拜孔孟為尊，孟子認為羞恥之心是人所固有的，並有着超越的根源，那就是天。「惻隱」、「羞惡」、「辭讓」和「是非」是孟子所講的四端之心，羞惡之心包含羞恥，由四端可以發展出「仁」、「義」、「禮」、「智」四種品德，羞惡就是義之

端，換言之，羞恥感是一種道德情感。從孟子的角度看，羞恥感不但是先天的，也是主動的，並指向善，確立人的道德主體性。孟子說：「人不可以無恥；無恥之恥，無恥矣。」恥也可以說是慚愧心，人做了錯事，就應該慚愧，知恥；如果做了錯事不但沒有反省，還委過於人，那真是「無恥之恥」。將孟子對羞恥的看法跟奧古斯丁比較會大異其趣，從奧古斯丁的角度，羞恥是人跟超越的根源切斷之後才出現的，只有負面的意義；但孟子卻認為羞恥是先天的，並有着積極的意義，是人在道德上不斷精進的動力。

儒家 VS 基督教

儒家	基督教
羞恥感是先天的，有着超源的根源，是人向善的動力	羞恥感是人背離上帝，切斷了超越的根源才出現，可視之為懲罰
羞恥是一種道德情感	羞恥是一種負面情緒

在西方文化，對羞恥的討論有着另一個源頭，那就是亞里士多德。雖然亞里士多德不像奧古斯丁那樣負面地看待羞恥，但也不會像儒家般將知恥視為德性，在《尼各馬可倫理學》(*Nicomachean Ethics*) 一書中，亞里士多德將羞恥定義為「一種恐懼因做了卑劣之事而損害名譽的情緒」，羞恥不過是恐懼損害名譽而已，將做了錯事而感到羞恥的人視為有德是荒謬的。但亞里士多德指出羞恥也有其積極的意義，那是對少年人而言，因為少年容易受情感影響，很多時都不能作出理智的選擇，做出不當的行為，所以羞恥感有助於他們減少錯誤的行為，讚賞做了錯事而感到羞恥的少年人是可以的，但就不應這樣對待成年人，因為成年人有足夠的

理智去判斷和控制自己。如果將孟子跟亞里士多德比較的話，羞恥對孟子來說有着自律的意義，知恥者是有所不為的；但對亞里士多德來講，羞恥則有很強的他律性，由於害怕名譽受損才減少犯錯。

羞恥感 VS 罪疚感

二次世界大戰時，美國為求理解日本人的心理和行為，委託人類學家潘乃德（Ruth Benedict）對日本文化進行研究，後來潘乃德將研究成果寫成《菊與刀》（*The Chrysanthemum and the Sword*）這本書，並提出了「恥感文化」和「罪感文化」之分，日本乃至東方文明屬於恥感文化，而西方的基督教文明則屬於罪感文化。潘乃德指出，恥感文化是有賴於外部的制裁，做了不當的行為，在別人的注視下，我們才會感到羞恥。但在罪感文化，錯的行為是透過「罪」化為內在的信念，做了錯事，個人內心會悔過以求贖罪。由此看來，恥感文化屬於他律道德，罪感文化則屬於自律道德。中國文化以儒家思想為主，而儒家又很注重羞恥感，那麼中國文化也應屬於恥感文化；不過，如果說儒家是他律道德的話，很多人一定不會同意，就以孟子的思想為例，很明顯是自律道德，有關儒家的道德自律性，下一節會以孔子對「恥」的看法再作討論，以下我們先談論中國文化他律的一面。

中國人有所謂面子工夫，是人際交往的潛規則，比如說要保存對方的面子，不要讓人丟臉，面子跟人情一樣，是支配傳統中國人行為的重要機制。不過，太愛面子會產生虛偽的問題；林語堂在《吾國與吾民》一書中甚至認為，過去的中國人之所以發展不出民主和法治，原因正是面子主義。面子跟恥感是連在一起的，傳統中國人做了不當的事，被人揭發之後會感到羞恥，就是怕丟臉或失面子。從這個角度看，用羞辱的方法就可制裁人的不當行為，正如前面所說，小學時的老師就愛以羞辱的方式使學生遵守規則，這就是恥感他律的一面。

當然，說東方文明是恥感文化，並不表示東方人就沒有罪疚的觀念，只是羞恥感佔主導的地位，而中國人的罪疚感也缺乏西方人的宗教性。同理，說西方文明是罪感文化，也不表示羞恥感不存在，英文 shame 這個詞正是羞恥的意思，不過是罪疚感佔主導，這是源於基督教的原罪觀。那麼，西方文化的羞恥感跟東方文化的羞恥感又有甚麼不同呢？我想其中一個就是個體主義和集體主義的分別，西方人傾向對個人的不當行為感到羞恥，但東方人則會對團體中其他人的不當行為感到羞恥，有時甚至為免個人的不當行為令家族蒙羞而自殺，例如日本人的切腹。

理論上，我們由於做錯事而感到罪疚，但若因做錯事而感覺自己不好的話，那就是變成了羞恥，即對自己的存在感到羞恥。例如偷東西，有可能因做了錯事而感到罪疚，也有可能因此沒有成為媽媽心目中的好孩子而感到羞恥。但在實際的經驗上，羞恥和罪疚往往會糾纏在一起，不過，只要細心分析，很多情況還是可以

區分出來的。就以個人經驗為例，中學時我跟幾個同學組成了一支球隊，參加了當時的全港十八區足球比賽，我們滿懷信心能在小組分賽出線，有一場我犯了一個錯誤，連累球隊輸波，這是內疚；而最後我們並未能在小組出線，感到的是羞恥。也可以說，犯錯導致罪疚，失敗帶來羞恥。

從西方文化的角度，似乎罪疚感比羞恥感積極和正面。做了錯事，感到罪疚，只是在這件錯的事情上，所以只要悔過或作出補償，這就等於償還抵消，可以重新做人；但羞恥感關連到自我，做錯了事就表示未達理想，感到自己很不濟，於是傾向逃避，把自己隱藏起來，或是儘量避免將事情公開，嚴重的還會切斷人際關係，變得孤癖。難怪康德（Immanuel Kant）在《論教育》說除了說謊之外，不要將羞恥跟其他不當行為關聯在一起，因為持續的羞恥會令人變得逃避、隱藏和畏縮，反而不利於德性的發展。由此看來，罪疚感比羞恥感正面，因為有罪疚感的人傾向採取補救的行動，有建設性；但羞恥感卻令人退縮，而且羞恥感跟暴怒、嫉妒和憂鬱也有關連，因為這些負面情緒背後可能有着怕被人看不起的羞恥感，例如幫派分子動不動就發惡、訴諸暴力，可能就是要掩飾自己的羞恥感。也可以說，罪疚感令人開放，羞恥感使人封閉。也許從二戰後德國人和日本人的反應可以得到佐證，德國人誠心認錯，請求寬恕；日本人總是含混其辭，只說遺憾。

西方文化的罪疚與羞恥

| 罪疚 | 較正面，懺悔改正 |
| 羞恥 | 較負面，逃避退縮 |

羞恥感和罪疚感都屬於道德情感，包含自我評價，也是「自我意識情緒」，自我意識情緒跟基本情緒喜悅、憤怒、悲傷和恐懼等不同，它們需要對自我的理解和反省才能表達，是較為複雜的情緒，也更大程度受文化因素所影響。根據心理學家的艾瑞克遜（E. H. Erikson）的人生階段理論，羞恥感的形成先於罪疚感，羞恥感大概在人 2 至 3 歲時開始形成，罪疚感則是 4 歲之後才形成，羞恥感只是罪疚感的前奏，罪疚感較羞恥感高級。對某個人來說，何種情緒較有主導性，要視乎其成長的文化，或父母在兒童這兩種情緒形成時的反應。例如小孩子犯了錯，如果父母只是就這件事要他改正和作出補救，那帶來的是罪疚感；但若父母罵他笨蛋，對小孩子來說，會將「我做錯一件事」變成了「我這個人很笨」，帶來的是羞恥感。文化方面，如果是成長在基督教文化背景的家庭，主導的自然是罪疚感；若是中國傳統文化的家庭，則是羞恥感。

艾瑞克遜認為人的自我意識受社會文化因素影響，有八個主要階段，每個階段都有所謂危機出現，而健康的自我發展就在於適應這些危機，若不能解決的話，就會持續產生衝突，阻礙健康自我的發展。

階段	危機	相關品質	年齡
1.	信任 VS 不信任	希望	出生至 18 個月
2.	自主 VS 羞恥	意志	18 個月至 3 歲
3.	自發 VS 罪疚	目的	3 歲至 5 歲
4.	進取 VS 自卑	能力	5 至 12 歲
5.	身份 VS 角色混淆	忠誠	12 至 18 歲
6.	親密 VS 疏離	愛	18 至 40 歲
7.	活力 VS 遲緩	照顧	40 至 65 歲
8.	完整 VS 悲傷	智慧	65 歲以上

行己有恥

我認為，羞恥感有他律的一面，也有自律的一面，儒家強調「誠意」和「慎獨」，可見道德內省和自律意義，前面也解釋過孟子「羞惡之心」的自覺意義。孟子對於罪和恥有這樣的區分：「位卑而言高，罪也。立乎人之本朝，而道不行，恥也。」那些連名位都沒有的人，大談國家大事，如果將國事交給他們，那真的是一團糟，所以是罪過；至於那些體制中人，若對國家沒有貢獻，那就

是恥辱。由此可見，孟子所講的「恥」跟亞里士多德有着顯著的分別；前者是由於不能達到理想的我，後者則是害怕名譽受損。或者從荀子這段說話更能顯示恥感自律和他律的分別，荀子說：「故君子恥不修，不恥見污；恥不信，不恥不見信；恥不能，不恥不見用；是以不誘於譽，不恐於誹，率道而行，端然正己，不為物傾側，是之謂誠君子。」大概的意思是，君子只會對自己的德之不修感到羞恥，跟社會上的毀譽無關。或者我們可以區分出兩種羞恥，一種屬於君子，恥感是對於理想境界的自我認同，不需要有觀眾在場，或受人注視，這是自律；另一種屬於小人，做了不當的事，被人發現所產生的羞恥，這是他律。

在《論語》一書中，「恥」是一種孔子經常談及的情緒，例如：「巧言、令色、足恭，左丘明恥之，丘亦恥之。匿怨而友其人，左丘明恥之，丘亦恥之。」左丘明認為，「巧言、令色和足恭」等奉承的行為是可恥，而「匿怨而友其人」也是可恥的，因為明明討厭這個人卻跟他交朋友。對孔子來說，羞恥是真誠反省自己後出現的，而教育工作就在於喚醒人的自覺性，令他「有恥」。從字形上分析，「恥」是由耳和心所組成，可以理解為「由耳入心」。孔子說：「道之以政，齊之以刑，民免而無恥；道之以德，齊之以禮，有恥且格。」在這裏，孔子比較了刑罰和道德，如果使用刑罰，人的確不敢犯法，但他們並不會有羞恥之心；要施以德治和禮教，人才可培養出羞恥之心。其實亞里士多德也有相近的說法，培養少年人的羞恥感是有利於道德教育，一個有德的人就不會做卑劣的事；但對於那些天生卑劣之人，就只好用刑罰阻嚇他們做壞事。

從孔子的角度看，羞恥感的重點在「恥」，「羞」不過是伴隨而來
的負面情緒，由「恥」也可以引發出儒家講的「憂患意識」，那就
是擔心自己所做的未能達標，但這已經是社會或國家的層次。
正如前面所講，儒家講的是君子的羞恥，是自律的，現在且看孔
子的標準是甚麼，孔子説：「敏而好學，不恥下問，是以謂之文
也。」有時對於一些不懂的東西，我們不敢發問，原因可能是害
怕丟臉，在別人面前顯示無知而感到羞恥；但孔子説向人請教並
不可恥，那甚麼才是可恥呢？例如言行不一致，孔子説：「君子
恥其言而過行。」那些順口開河，輕易承諾的人就有這個問題，
我讀藝術系時有一個師弟正是如此，他經常開口問我有甚麼事要
幫忙，有幾次我真的有事找他，誰知都給他「放飛機」。又例如
名不副實，孔子説：「邦有道，貧且賤焉，恥也；邦無道，富且貴
焉，恥也。」作為士人，如果在國家有道時卻沒有得到重用，一
定是自己的學問和能力未達標，要感到羞恥；但如果在國家無道
時還擔任要職，未能盡己之力作出改善，也一樣要感到羞恥。在
《論語》的另一處，孔子也表達了相近但又不盡相同的意思，「邦
有道穀，邦無道穀，恥也。」穀是俸祿的意思，但為甚麼説有道
或無道，做官都是可恥呢？其實這裏的重點是士人要對國家有貢
獻，無論國家是安定或動亂，身為士人，若沒有實質貢獻，卻佔
有職位，都是可恥的。

或者大家可能會覺得孔子的標準訂定太高，只不過是「言行不一」
及「名不副實」，也不是做了甚麼壞事，但對孔子來説，有恥是士
人的標準，正所謂：「行己有恥，使於四方，不辱君命，可謂士
矣。」知恥能激發起人的向上之心。在羞恥和道德的關係上，我

想威廉斯會是孔子的知音人，在《羞恥與必要性》一書中，威廉斯批判了功利主義和康德倫理學，強調羞恥的自律性，不害怕別人恥笑，要面對內在的審視，從而培養出自制的能力，正如孔子所說：「士志於道，而恥惡衣惡食者，未足與議也？」作為士人，應以道為志，像一般人以缺乏衣食為恥，那就不符合身份了。

威廉斯的批評

功利主義和康德倫理學可謂現代道德理論的兩大派別，前者是以計算行為的後果作為道德的標準，後者則以理性為道德的根據。

對功利主義的批評	反對任何涉及計算的道德體系，因為還原論會扭曲道德情景的複雜性
對康德倫理學的批評	反對用一個無私的角度去理解道德，這會令我們失去個性

 ## 結語

第三節我們討論羞恥和罪疚的分別時，已指出羞恥涉及的行為比罪疚廣闊，基本上罪疚只關乎道德，而羞恥則包括道德和能力兩方面，當我們做了錯誤（道德上）的行為，有可能感到羞恥；而力有不逮，未能實現某些目標時，也有可能感到羞恥。羞恥可以激發我們的上進之心，由於做了不當的行為，意識到跟理想的道德自我有距離，這可以說是羞恥的正面價值；但羞恥也有可能令我們退縮，或找藉口來掩飾自己的不濟，逃避、說謊，甚至否

認自己做了錯事。這就是羞恥的雙面性，正面可以令人精進，負面則使人退縮。個人認為，在能力方面，羞恥比較發揮多正面的作用；但在道德方面，羞恥則較多負面的影響，即使有正面的作用，也多以防止人做錯事為主，此所謂「有所不為」，是消極性的，積極性卻不足，難以推動人在道德上不斷精進。

在道德方面，羞恥的兩面性正好對應着自律道德和他律道德，這裏所謂自律和他律的分別不在於道德標準是來自內在（如儒家的良知或康德的理性），還是外在（如基督教的上帝），而是指能否內化為自己行事的標準，即使標準是來自上帝，若能內化認同為自己的道德標準，並據之而行事的話，也算是自律道德。根據這個意思，基督教的道德也可以是自律道德。相反，即使道德標準是內在於人性，但若你未能自覺到，行事只是依據社會上的規範，這也是他律道德。

我認為，羞恥感也可以分為健康和不健康兩種；當然，就感覺而言，兩者是一樣的，它們的不同在於是否有助我們健康成長。健康的羞恥感是來自自我的真實要求，推動我們邁向理想的自我，從這個角度看，羞恥感正反映出人的價值所在。健康的羞恥感不但可以防止我們墮落，正所謂「知恥，有所不為」，也提供了認識和改進自己的好機會。至於不健康的羞恥感，通常是外面強加於我們，而非自我的真實要求，由於我們希望被人認同，害怕遭人拒絕而接受這些規範，這些規範可以來自父母、學校、社會，甚至宗教。例如有些地方的婦女因姦受孕會感到羞恥，甚至為免家族蒙羞而自殺。據說希特拉（Adolf Hitler）成長時就有着嚴重的

羞恥感，覺得自己沒有價值，而他之所以不擇手段，爭取成功，甚至壞事做盡就是為了要逃避羞恥感。當然，希特拉只是一個極端例子，一個有嚴重羞恥感的人也可以按正常途徑，努力得以成功，藉此逃避羞恥。

羞恥的雙面性

羞恥的雙面性	
自律性	他律性
健康的	不健康的
警惕性	羞辱性

不健康的羞恥感往往跟羞辱有關，一個人即使沒有做錯事，也可以單單因為種族、身份或地位被人羞辱，例如未廢除奴隸制時的美國，黑奴就像貨品一樣供人買賣。羞辱本身是一種社會制裁，當然也有着正面的功能，就是阻嚇人行惡；但在互聯網年代，往往會出現全民公審的情況，被公審者很可能從此沒有翻身的機會，我想起了之前鬧得熱哄哄的「王力宏事件」。當然，那些主持正義的人會說，做錯事當然要受到懲罰，羞辱就是懲罰。寫到這裏，我突然有所領悟，就是為甚麼該隱殺了亞伯，上帝只是放逐該隱，給他面上留下標記，禁止其他人為亞伯報仇，原來上帝給該隱的懲罰就是令他一生受盡羞辱，那標記雖然保護了他的生命，但同時亦是羞恥的記號。

馬薩卓是文藝復興時期的畫家，這幅畫是教堂壁
畫的一部分，描繪的是當亞當和夏娃偷吃禁果後
被上帝懲罰，上帝差遣天使將他們逐出伊甸園。
亞當和夏娃吃了智慧之果獲得了善惡的知識，
對於自己赤身露體感到羞恥，在畫中我們見到夏
娃面上的痛苦表情，還用雙手掩蓋身體的敏感部
位，而亞當則羞愧地抱着頭。

《逐出伊甸園》(1426-1427)

作者：馬薩卓
原作物料：油彩
尺寸：208 x 88 cm
現存：佛羅倫斯布蘭卡契小堂

5

內疚

罪疚感可以提升愛
的質素

——梅蘭妮

大概十年前，有一天下課後有位學生來找我，他是少數專心上課的學生，所以有些印象。原來他心臟有問題，需要一個起搏器維持心臟跳動，但心臟有可能會隨時停止，而做手術也有很高的風險。他本想詢問我的意見，但我只是匆匆回應幾句（可能是課後有事要做），事後卻感到十分內疚。

這是我少有感到內疚的事件之一，當時已是學期尾，我以後再也見不到這位學生，也不知道他後來有沒有做手術，我感到內疚的原因是沒有好好地跟他談一談，這不但是一個艱難的決定，也是性命悠關。當然，我並不是說可以幫他解決問題，至少人家這麼信任我，我應該「善待」他才是，比如說請他到附近的咖啡店詳談。從這個例子可以看到內疚包含了自責和後悔，而內疚也不限於我們做了甚麼錯事，也包括沒有做應該的事。

照中文的表面意思看，罪疚和內疚的分別似乎在於行為的嚴重性，感到罪疚是因為做了一些很不當的行為，例如犯了嚴重的道德過錯，而內疚則較為廣泛，包括了輕微的不當行為，例如昨晚偷吃了宵夜而感到內疚，原因是我正在節食減肥。在西方文化中，罪疚又跟宗教有着密切的關係，這是因「原罪」而來的罪疚感。不過，無論是罪疚或內疚，英文都是 guilt，似乎沒有甚麼分別。Guilt 來自古英語的 gylt，可以追溯至德語的 geld，意思是償還，換言之，償還可抵銷罪過，消除內疚。然而，若是無法補償的話，我們就可能會自我懲罰。從佛洛伊德的角度看，罪疚感存在於超我之中，屬於懲罰的部分，那是父母的權威內化而成。

佛洛伊德的人格理論

佛洛伊德的人格理論包含三部分：本我、自我、超我，而超我又包含良知和理想我，是父母的規範和價值內植而成。我認為內疚感和羞恥感分別對應於良知和理想我。

本我	泛指人的本能慾望，依據的是快樂原則
自我	是我們接觸世界後出現的，依據現實原則來指導我們的行為。自我一方面要滿足本我的要求，另一方面要接受超我的約束，在兩邊的拉扯下常會感到痛苦
超我	是父母的規範和價值內化而成　　良知：違反規範會感到內疚 　　　　　　　　　　　　　　　　理想我：達不到要求會感到羞恥

在「羞恥」那一篇我們將羞恥和罪疚作了比較，有一種觀點認為罪疚比羞恥正面，因為羞恥感會令我們逃避，而罪疚感則讓我們面對錯誤，作出改正。不過，從佛洛伊德的角度看，由於罪疚感的極度不愉快，有時我們為了保存自我而將罪責推給他人，他更創造了「罪疚情結」的概念，並由此開啟出憂鬱和焦慮的討論。有一位跟佛洛伊德有密切關係的心理學家叫做阿德勒，也是從負面的角度來看待罪疚感，他認為罪疚情結令人執着於自責和自懲，不去做應該做的事，其實是一種逃避，妨礙個人的成長。心理學家艾瑞克遜也傾向從負面的角度理解內疚感，之前我們提到他的心理發展理論，第三個階段是由 3 至 5 歲，是發展主動和內疚的關鍵，在這階段兒童在遊戲中跟他人互動，若兒童取得自主權，就能面對挑戰，即使遇到挫敗，也可積極回應；相反，若產生內疚，就會因失敗而不願面對挑戰。

我認為跟羞恥一樣，內疚也可分為健康及不健康兩種，做了錯事

我們會感到良心不安，這是正常的；但內疚既可以引導我們，邁向更好的自己，也可能會產生誤導，使我們停滯不前。不健康的內疚跟過分的擔憂有點相似，兩者的分別在於，內疚令我們困於過去，無法前行；擔憂則是對未來的事無法控制，因而陷入沮喪之中，也無法前行。內疚過度累積也有可能導致抑鬱，根據美國《精神疾病診斷與統計手冊》(第五版)，過度內疚是抑鬱症的症狀之一。

內疚 VS 擔憂

內疚	受困於過去的錯誤	
擔憂	受困於未來不可控制的事	感到沮喪，無法前行

不合理的內疚

當我們做了錯誤的事，或沒有做應該做的事，感到內疚是合理的，而所謂不合理的內疚就是指超出我們責任範圍之內。有些人很容易感到內疚就是因為承擔了過多的責任。能力和責任是成正比的，正所謂「能力越大，責任越大」，如果有些事是超出我們的能力範圍之內，我們就沒有相應的責任；正如康德所講，應該涵蘊能夠，一些我們沒有能力做到的事，就不可以說我們應該做。那些責任心重的人可能會承擔過多的責任，導致了不合理的內疚。不合理的內疚有異於不健康的內疚，但兩者並不排斥，不

健康的內疚會令我們停滯不前，而不合理的內疚是承擔過多的責任，一個合理的內疚也可以是不健康的。

合理 VS 不合理的內疚

合理的內疚	承擔合乎比例的責任
不合理的內疚	承擔過多的責任

簡單來説，對於你無能為力的事感到內疚就是不合理的內疚，例如有人因為結婚生子後，不能實現自己的人生計劃，於是怪罪於子女，若身為子女因此感到內疚的話，那就是不合理的內疚。有時父母也會用內疚來控制子女，但未必是自覺的，例如「考不到第一，媽媽對你很失望」。其實我們的伴侶或教會，也可能用內疚來控制我們，例如情人中的一方，比如説女方，會要求男方盡責任，購買一所房子讓她安居，説：「若你是愛我的話，就一定會這樣做。」這也算是一種情緒勒索。又例如，你的教會可能會説：「若你一犯戒，死後就無法上天堂。」當然，孩子也可以從父母身上學會用內疚控制別人，利用內疚來獲取自己想要的東西。

有時我們為了補償，往往做出一些超乎自己能力的事，或作出過度的補償，這也可歸入不合理的內疚。有一個案例是這樣的，媽媽年青時忙於工作，對於缺乏時間照顧女兒感到十分內疚，並且覺得成長後女兒的諸多問題都是源於此，為了補償，她儘量滿足女兒的各種要求。問題是，這種做法根本無法改善女兒的行為，而事實上，已經成長的女兒也應該為自己的行為負責任。

要區分合理和不合理的內疚，第一步是找出導致內疚的原因，

如果是因為做了不當的事如偷竊、欺騙、傷人等等，感到內疚是合理的；因為一般來說，這些都是你能夠自主的行為，並且這些行為都會對人造成某程度的傷害。不過，合理和不合理內疚也不是截然二分的，它們之間存在着灰色地帶或有不同的程度，例如夫妻因意見不合而分開，後來妻子因此而自暴自棄，身為丈夫為此感到內疚，這並非完全不合理，畢竟他在離婚這件事上也有責任，但如果他過於自責的話，也可以說是不合理的內疚。

內疚不是自然情感，是後天學習得來的。內疚感是孩童時所形成，主要是因為違反了父母的規範，如果父母的管教很嚴厲的話，有可能變成內疚感重的人。內疚感重的人也往往高估了自己的能力，例如自己對事情的影響力。不合理的內疚也可能源於我們的思考模式，常見的有「非此即彼」和「過度照料」。

導致不合理內疚的思考模式

非此即彼	例如事情不順利就一定是自己做錯
過度照料	過於照顧他人的感受，加重了自己的責任

責任問題

內疚涉及責任的問題，但究竟責任可否客觀地量度呢？同一件事，有人做了會感到內疚，有人卻若無其事；但這並不表示責任就一定是主觀或相對，也有可能是不負責任而已。

讓我們以耶穌門徒猶大的內疚為例，探討責任的問題。根據聖經的記載，當猶大看到耶穌被定罪後，感到十分內疚，後悔當初出賣耶穌，犯了這麼嚴重的錯誤，根本無法彌補，於是猶大將那三十塊錢（這是出賣耶穌的報酬）還給公會，然後上吊自殺，自我懲罰，但這是負責任的行為嗎？有兩種說法，一種認為以死謝罪正是負責任的行為，因為錯誤已沒法彌補；但另一種卻認為自殺只是逃避責任，應該採取積極的態度面對錯誤。猶大的案例帶出的問題是，當我們犯了極嚴重的錯誤時，還有沒有彌補或改過的機會呢？其實在殺害耶穌的事件中，公會也要負上責任，後來公會將那三十塊錢買了地，用來安葬來自異地的人，如果這是一種補償的話，足夠嗎？跟殺害耶穌（神）的罪相比，這明顯是相差太遠。我們也可以拿彼得跟猶大比較，彼得在耶穌被捉拿之後，由於害怕被人認出，也有三次不認主的記錄，事後他感到十分內疚，在深切地悔過認罪之後，成為基督教的堅定傳教者，最後殉教，並且被追封為教會的首位教皇。如果猶大能誠心悔改，矢志以宣揚基督信仰為己任，那又如何呢？

上一節我們談到不合理內疚在於承擔過多的責任，很多事情都不是一個人的責任，如何分配責任也是一個問題。有一個案例是這

樣的，兒子的成績很差，身為媽媽感到內疚，認為沒有盡自己的責任，但其實她下班回家後已經盡力教導兒子。導致兒子成績差的原因很多，可能是兒子先天上的頭腦並不好，而其他人或許也有責任，比如說兒子沒有專心上課、爸爸沒有幫忙、老師教得不好等等。當媽媽明白到自己可能只須負部分的責任時，也就不會過於自責，並且可以跟其他人商量，在共同分擔責任的前提下解決問題。

責任餅

當我們為某些事感到內疚時，不妨畫一個責任餅，評估一下自己須要負上幾多責任。

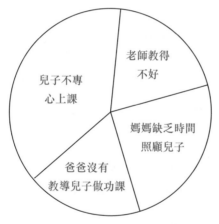

責任涉及我們的價值體系，雖然價值有着客觀的一面，例如一般來說，傷害他人的行為是錯誤的；但也有主觀選擇的一面，例如之前提到我決心節食減肥，因偷吃宵夜而自責內疚，在這些自訂標準的範圍內，人有很大的選擇空間，責任也不是那麼固定。從這個角度看，內疚也是一個認識自己的好機會，因為很多時我們都是被動地或不自覺地接受一些價值和標準，內疚可以讓我們反

省自己的行為，重整自己的價值體系。

前面說人不須要為自己能力不及的事負責任，這是基於自由主義的觀點；但從社群主義的角度，人須要為群體或族群的行為負上責任。舉個例，現在中國人經常要求日本人對二戰時的暴行作出道歉和賠償，但那些戰後出生的日本人可能會問：「做錯事的又不是我，為甚麼我要道歉呢？」從自由主義的角度，一個人當然沒有義務為另一個人的過錯承擔責任，即使這個人是自己的親人；但從社群主義的角度出發，一個人的責任跟他所屬的社群和身份有關。因此，作為日本人的身份，也有責任承擔這個族群的責任，這關係到社群的歸屬感和團結，人一出生，就處於特定的社群，擁有特定的身份。也許我們可以將人的責任分成兩類，一類跟你的自願性行為有關；另一類則取決於你的身份和所屬的社群，跟你的自願性行為無關，如對家人的義務、愛國心、國民之間的團結、為國家不義所負的集體責任等，這些責任都不是源自我們自由意志的選擇，也可以說是加諸於我們。在這裏我不打算討論社群主義這種觀點是否成立，但即使我們須要為群體的行為負上責任，這不過是次要的責任，不能跟自主性的行為混為一談，更不應為此而感到內疚，例如戰後出生的德國人，根本就不用為當年納粹的惡行而內疚。當然，我也反對基督教的原罪說，人不用為存在而內疚。

清理內疚

我們要清理的是不健康和不合理的內疚，雖然在概念上可以區分兩者，但在現實中，它們又經常糾纏在一起。例如，有些內疚感重的人甚至會因為自己的快樂而內疚，因為自己的快樂正反映出他人的痛苦，因而感到對不起他人。這當然也是不合理的內疚，而這種內疚感束縛着他的進取之心，所以又是不健康的。有一個案例是這樣的，一位女子被丈夫拋棄，成為了單親媽媽，獨力養育女兒成長，女兒一方面很渴望出外過獨立的生活，另一方面又為此感到內疚，某程度上媽媽就是利用了這點來操控女兒。

有時雖然內疚合理，但對於造成的過錯已無法彌補，以自責來代替補償只會令自己沉溺於內疚，無法前行，這正是不健康的內疚。我們要明白的是過去已經過去，內疚也無法改變，原諒自己是一個出路。能夠原諒自己就可以避免沉溺於自我懲罰之中，這樣才可以重新開始。那些具自我懲罰傾向的人，很可能自少受到父母嚴格管教，例如只是做錯了一些輕微的事，就被父母斥責，要求道歉。這種罪疚感令我們經常要乞求原諒，否則良心就不好過；其實我們應該原諒的是自己，更要原諒父母，也許父母的教育水平低，只能以這種方式來教導子女。

原諒的力量

請求他人原諒	減輕內疚
原諒自己	免於自我懲罰，重新上路
原諒父母	消除憎恨，對治過重的內疚感

有時我們之所以耽溺於內疚，原因是內疚可獲得他人的認可，對於無力改變的事，感到內疚和自責變成了一種「償還」，那是不可償還的替代。要注意的是，當我們沉溺於內疚和自責之中，也有可能是為了逃避某些東西，或是害怕甚麼，內疚其實包含着恐懼。例如，為了做一個好人，害怕拒絕別人的要求，所以稍微做得不好，被人批評了就很容易產生內疚。

當內疚出現的時候，雖然感覺不好受，但我們不要急於採取行動，最好停下來想一想，是甚麼原因導致內疚，理清自己的價值觀和行為守則，反省一下有沒有需要修改，清除不必要的內疚。正如前面所講，對錯之間有着很大的灰色的地帶，除了那些明確是錯誤的行為之外，個人還有很大的選擇空間。有很多價值觀和守則都是來自父母和社會，我們未經思考就接受下來，例如朋友打電話來要立刻回覆，若未能及時回覆就有內疚感，為甚麼我會訂下這樣的守則？是因為我真的重視朋友，還是渴望得到他人的認同呢？

有時不成比例的內疚是來自抑壓的憤怒，也可以說是隱藏了的情緒，例如第五波的新型肺炎疫情期間，Omicron 在護老院肆虐，不少長者都因而離世，家人可能會怪罪於醫護人員或負責處理的政府官員，但也有可能將憤怒抑壓在心裏，轉化成內疚。從這個角度看，內疚變成了一種防衛的機制，當我們遇上失戀、失業、失婚、失去親人的事件，感到無助和悲傷時，內疚會以防衛的姿態出現。但若我們一旦沉溺於良心不安，就成為了不健康的內疚，無法前行，所以關鍵就在於從內疚中體會你真正想要的是甚

麼東西，你可以繼續戰鬥，甚至充滿憤怒；也可以放棄，讓自己
痛哭一場，悲傷過後就可以重新站起來，繼續前行。

內疚所隱藏的情緒

恐懼	害怕不被人認同
憤怒	被抑壓的憤怒
悲傷	掩蓋無法改變的悲傷

良知與內疚

1961 年，納粹黨的艾希曼（Adolf Eichmann）被以色列特工捉拿
了到耶路撒冷接受審判，這個執行殺害猶太人的納粹軍官，看起
來只是一個普通人，對於殺害猶太人的指控，他宣稱只是服從命
令，也沒有絲毫的內疚。德國女哲學家漢娜（Hannah Arendt）根
據這個事件，創造了「平庸的邪惡」一詞，意思是一般人都有可
能在某些情況下（如擁有權力或服從權威），做出極邪惡之事而
不會感到內疚。

道德預設了人有良知，但像希特拉和艾希曼這些納粹份子，究竟
有沒有良知呢？良知是先天還是後天呢？主張良知是先天的人會
說，所有人都有良知，希特拉和艾希曼都有良知，只不過他們的
良知被私慾和憎恨所蒙蔽；認為良知是後天形成的人則說，由於

他們的成長過程有問題，所以良知的發展不健全。儒家思想屬於前者，佛洛伊德學派屬於後者。孟子所講的四端之心是人與生俱來，非後天學習得來，此所謂性善說；但其實孔子只是說「性相近，習相遠」，並未明示人的本性就是善。在孟子那個時代，人性論有着不同的版本，除了孟子的性善論之外，還有荀子的性惡論和告子的性無善惡論，更有性善性惡論。

中 國 先 秦 的 人 性 論

性善論	人性本善，惡不過是良知受到蒙蔽
性惡論	人性本惡，善是後天的教育而成，此所謂「化性起偽」
性無善惡論	人性本無善惡，善惡是受後天環境影響而成
性善性惡論	有些人天生是善，有些人天生是惡

佛洛伊德的理論開啟了心理學對良知的研究，佛洛伊德認為良知屬於超我，而超我則來自「伊底帕斯情結」（the Oedipus complex），俗稱「戀母情結」。伊底帕斯本是一位希臘王子，無意中殺了自己的親生父親，娶了自己的親生母親。佛洛伊德借這個故事來表達人類的共同處境，他指出嬰兒早期依戀母親，因為母親是其撫養者，所以視父親為爭奪母親的敵人，但又恐懼父親的報復，最後只有認同父親，將父親代表的社會規範內植，這就成為了我們的良知。心理學家艾慎可（H.J. Kysenck）並不同意佛洛伊德的理論，他認為良知只不過是透過條件反射而形成的不安感，那就是孩子在成長的過程中，因做錯事遭到懲罰而慢慢形成的。另一位心理學家柯柏格（Lawrence Kohlberg）則認為，良知不只是情緒的反應，還包含認知的部分，道德的發展跟智力的

成長有關。柯柏格設計了一個思想實驗，探討人的行為動機，情
境是這樣的：「妻子正在病危之中，需要一種特效藥才能醫治，
但丈夫卻付不起錢買藥，而藥店又不肯降價或延遲付款，他唯有
鋌而走險去偷藥，究竟這樣做是否正確呢？」柯柏格根據回答的
理據，整理出道德發展的三個主要階段，每個階段又再分為兩
個，各有不同的動機。艾希曼的個案應該屬於第一階段的第一個
動機。

柯柏格的道德發展理論

	階段	動機	判斷	相關人士
第一階段 **前習俗**	只是從個人的利害出發，社會規範是外在的	服從與懲罰	不應該偷藥，因為會被補	九歲以下的兒童，小部分兒童和大部分罪犯
		回報	應該偷藥，因為我需要它	
第二階段 **習俗**	依從社會規範	關懷	應該偷藥，因為不這樣做會破壞人際關係	大部分年青人和成年人
		權威與社會秩序	不應該偷藥，因為要遵守法律	
第三階段 **後習俗**	社會規範並不完美	社會契約	應該偷藥，法律可以修改	小部分成年人
		普遍倫理原則	應該偷藥，因為人命較重要	

從柯柏的理論看，關懷屬於第二個階段的第一個動機，道德尚
未充分發展。不過，女性主義者吉利根（Carol Gilligan）認為柯
柏格的理論充滿性別歧視，只從男性的觀點看，重視的是正義倫
理，忽略了關懷倫理。

結語

內疚是一種道德情緒，和羞恥一樣，跟性有着密切的關係，例如偷看色情片、婚外性行為，甚至只是性幻想都會感到內疚或羞恥。像羞恥一樣，內疚也有雙面性，有負面，也有正面。負面就是之前講的不健康和不合理的內疚，正面則是令我們避免犯錯及提升道德。

前面提到，內疚是一種控制人的方式，讓他人感到內疚而達致操控的目的，這當然是一種力量；但內疚也有其正面的力量，即是如何透過內疚來提升自己。首先，內疚可以防止我們做出傷害他人的行為，即使做了錯事，也可引導我們到改過的方向。其次，內疚可讓我們檢討自己的行為，自訂自己的價值體系，或是在道德上不斷精進。

內疚的正面力量

	防止做出傷害他人的行為
內疚令人反省	改過補償
	自訂自己的價值體系
	在道德上不斷精進

上一節我們提到納粹軍官艾希曼的審判，讓我們將它改為一個較人性的版本，就是這位軍官在庭上對其惡行表示深切的內疚，並辯說若不服從命令就會遭到懲罰，於是只有埋沒良心，從這個角度看，我們可以看到服從和良知的衝突。有關服從和內疚的關

係，讓我想到一個很有趣的實驗，上世紀的六十年代，米爾葛蘭（Stanley Milgram）進行了一個有關服從的研究，實驗以三個人為一組，每組包括一位主持實驗的心理學家、一位扮演教師、另一位扮演學生，心理學家告訴扮演的教師這是一個懲罰和記憶關係的實驗，由教師提問題，若學生不懂回答的話，就施以電擊，由 15 伏特開始，逐漸增加，在心理學家的指示下，最高可提升到 450 伏特。其實真正受測試的是這些扮演教師的人，扮演學生的都是做媒的，他們假裝受電擊的痛苦表情，實驗的目的就是要測試扮演教師的服從性。到了實驗中途，有些人看見學生實在太痛苦，提出停止實驗的要求，但實驗的結果卻出乎意料之外，竟然有 62% 的人完全服從權威，完成了整個實驗。在這個實驗結束後若干年，有一位當年受測的人寫信給米爾葛蘭，向他表示謝意，因為那個實驗令他感到內疚，自此以後他學會了堅守自己的原則。

我們之所以做出傷害他人的行為，有着各種的原因，有時是為了服從指令，有時是為了自己的利益，有時是為了獲得他人的認同，例如在欺凌事件中，那些參予欺凌的人可能只是為了得到朋輩的認同，害怕受人排斥。在這裏，內疚有可能幫助我們提升道德自覺，拒絕做出傷人的行為，即使我們的利益會受損，受到懲罰或排斥。最近在俄烏戰事中，我也看到了一個因抗拒服從而被殺的例子，兩位俄羅斯士兵因為保護一對烏克蘭母女，被自己的同袍開槍掃射，其中一位士兵和那位母親被殺。身為士兵，應該服從上級的命令，但在戰爭中殺害平民卻是不義的，也可以說，這兩位士兵是處於忠誠和正義的兩難之中。俄羅斯士兵為救人而

抗命可歸入柯柏格的道德發展理論第三階段的第二個動機。

內疚的不安有點像孟子講的不忍人之心，它可以不斷擴大和提升，這是一種道德的力量，令人有勇氣講出真相，做一個吹哨者，我想起了在俄羅斯電視台上舉牌抗議那位新聞工作者；也可以改革社會，廢除不公正的法律，我想起了美國黑人民權領袖馬丁‧路德‧金；甚至是無私地貢獻社會，我想起了到非洲行醫的史懷哲，也想起了在印度貧民區工作的德蘭修女，內疚的最高形式是宗教性的。

大抵上我同意西方文化是一種罪疚文化，跟基督教有着密切的關係，是一種存在性的內疚。當然，我不主張每個人都應該仿效史懷哲或德蘭修女，那只是出於個人在道德上的選擇。不過，這其實也不是學習得來，而是存在的召喚，只有某種心靈特質的人才有資格接受召喚。我認為在道德上，最好就是做一個道德自決者，即思考你的價值體系，並遵守自己訂下的價值規範。存在性內疚也有不同的層次，例如有些人在電視上看到非洲的飢民也會有內疚感，這並不是說他們的苦況是由我們所造成，那只是對比於自己的豐衣足食而來，捐助他們就像是一種贖罪的行為。

存在性內疚

原罪式	人為自己的存在感到內疚
生存式	人生存就要食用其他生物，因而感到內疚
贖罪式	對比自己的幸福，人會為他人的不幸感到內疚，繼而幫助他人

達文西的《最後晚餐》是文藝復興的代表性作品
之一，其實這個題材已經不知道被畫過多少次，
根據聖經的記載，耶穌在最後晚餐時說：「你們當
中有一個出賣我！」達文西正要描繪這重要的一
幕，過往的畫家通常將猶大孤立出來，但達文西
的高明之處在於暗示出誰是猶大，例如使用身體
語言、將猶大置於陰影之中等手法。當時猶大一
定很恐懼，但是否也感到內疚呢？

《最後晚餐》(1495-1498)

作者：達文西
原作物料：油彩
尺寸：460 x 880 cm
現存：意大利米蘭聖瑪麗感恩修道院

6

後悔

後悔是一種病

——尼采

中學時期，我最喜歡看的就是狄更斯（Charles Dickens）的《聖誕述異》（*The Christmas Carol*），不但是小說，還有不同版本的電影。我最感動的一幕就是孤寒財主史高治在聖誕鬼面前悔過，並有重新選擇的機會，我想如果每個人都有一次這樣的機會就好了，可以先看看自己的未來，再想想該怎樣作出決定。

在眾多負面的情緒中，後悔是比較輕微的一種，也容易被人忽略。無論是誰，總會有過後悔的時刻，誰不曾做過錯誤的決定呢？例如「當初沒有說那句話就好了！」「早知就不要跟這個人結婚！」「真不該發那麼大的脾氣！」但我們似乎又很介意後悔，很多人都愛說「無怨無悔」，印象中有不少書都是以「不要後悔」為名，例如《四十歲之前不做會後悔的三十件事》、《死前不做會後悔的二十件事》、《職場上不做會後悔的十件事》等等。不過，我倒懷疑真的有那麼多不做會後悔的事，就以「結婚」為例，有些人固然會因為沒有結婚而後悔，但也有不後悔的，當然亦有後悔結婚的人。每個人的價值觀都略有不同，我認為重要的事你卻可能看得很輕。

當然，有些事是有普遍性的，例如「男怕入錯行，女怕嫁錯郎」，雖然在今天聽來，這句話有性別歧視之嫌，那就是女性必須依靠男性，撇開這一點不談，在人生的旅途上，擇業和擇偶都必須謹慎，因為對我們會有很大的影響。中國文化主張做人必須謹慎，避免作錯誤的決定，例如年青時沒有珍惜時間，好好學習，正所謂「少壯不努力，老大徒傷悲」，悲傷是因為一切已成定局，無力改變。但真的嗎？一個錯誤的決定就會永不返身？當然，有時的確如此；但大部分情況都不是，事情總有改善的餘地；即使犯錯，也未必會「一失足成千古恨」，後悔只會令人束縛於過去而無法前行，比如說，過去沒有機會讀書，當成現在不用功的藉口。

表面上看，後悔是跟過去有關，我們不是由於過去所作的錯誤決定而後悔嗎？但其實後悔跟我們現在的處境有更密切的關係，正是由於我們不滿現時的狀況，又好像沒有改善的希望，於是才會

認為以前的決定是錯誤的；由於當初選擇 A 才會有這樣的後果，但若是選擇 B 的話就一定會更好嗎？比如説跟另一個人結婚就一定會幸福嗎？其實這也很難説。

憤怒跟後悔有着密切的關係，很多時我們就是因為憤怒作出了錯誤的決定，因而後悔。例如三國時期，劉備因為好兄弟關羽被殺，盛怒之下出兵吳國復仇，連諸葛亮也勸阻不了，結果大敗，失去了荊州，最後還染病而死。又例如，在莎士比亞四大悲劇之一《奧塞羅》中，主角奧塞羅就是在盛怒之下殺死了自己的妻子，最後得知真相而後悔莫及。的確，有些錯誤是無法彌補的。即使沒有因憤怒而作出錯誤的決定，我們也往往會為自己的生氣而後悔，因為在人面前展示出醜陋的一面。由於憤怒而傷害自己所愛之人，產生的後悔也特別強烈，這種極度的後悔可稱為「懊悔」，英文是 remorse，想要做些甚麼但卻又無法補救錯誤。

「悔恨」也是一種強烈的後悔，那是由於過去無法挽回，因所失而痛恨自己，這是一種十分折磨自己的情緒，是一種不甘心。悔恨是由悔生恨，恨的是自己；有趣的是，有一種情況剛好掉轉，由於憎恨對方，於是設法使對方後悔，作為報復，也是不甘心。常見的例子是被情人拋棄而生恨，於是努力要自己活得更精彩，或找一個質素更高的伴侶，讓對方後悔，藉以報復。當然，這種報復其實沒有甚麼傷害性。

有時情緒會出現這樣的連鎖反應

控制不了憤怒 ➡ 做了不當的事 ➡ 後悔不已 ➡ 事情無法補救 ➡ 憎恨自己

自由與選擇

後悔令我們回顧過去，想想當初只要作別的選擇，現在的處境不是好得多嗎？對我來說，後悔是一種想像，想像自己能夠改變過去，所以我特別喜歡看那些「坐時光機回到過去」的電影，雖然明知這是邏輯上不可能（邏輯矛盾），但卻有心理安慰的效果。一方面後悔令我們沉迷於想像的過去，給我們一種可以重新選擇的幻想，存在一個可能的世界，讓自己感到舒服；但另一方面這種我本來有別的選擇的想法，又會令自己陷入痛苦和自責之中，可謂十分矛盾（這是心裏有衝突，並非邏輯矛盾）。

史賓諾莎說：「後悔是一種痛苦，伴隨着我們對自認是發自精神上自由決定所做之事的觀念。」雖然史賓諾莎這個對「後悔」的定義有點累贅，但有一個很重要的信息，就是我們相信對所做之事有自由的選擇權；換言之，那不幸的後果都是自己造成，所以自責是必須的。但問題是，我們真的是那麼自由嗎？後悔預設了人有自由意志，我們當初可以有別的選擇；或是我們的行為是被決定，根本就沒有選擇的餘地呢？這涉及決定論和自由意志之爭，我們還是不要陷入哲學上沒完沒了的爭論，就根據我們一

般對「自由」和「選擇」的用法，只要不是被人強迫，我們就是有選擇的自由，後悔折磨人的地方在於我們時常想着「當時能作別的選擇就好了」，其實如果條件沒變的話，即使能夠再來一次，我們大多會作相同的選擇。但問題是，假若我們當初作了別的選擇，結果一定會更好嗎？

我們真的每一次都能夠做完美的選擇嗎？其實我們無論思慮得如何周詳，也無法得悉所有相關的資訊，總會有出錯的可能。我想起了道家「順其自然」的智慧，正所謂「塞翁失馬，焉知非福；塞翁得馬，焉知非禍」，每一個選擇都有得有失，只不過是我們太介意所失才會後悔。有時我們之所以後悔，背後往往隱藏着「世界是完美」和「自己有足夠的能力」等信念。一個對自己能力和知識越有信心的人，當遭遇失敗時，可能會越容易產生後悔。那些經常後悔的人，背後可能有着「完美主義」和「自我中心」的心態。對「後悔」加以反省，能夠認知到自己能力的不足，及生命的不完美。比如說，向心儀的對象表白被拒，感到痛苦難受，於是後悔「早知不開口」，但世界正是如此，我們要不斷經歷失敗才會成功。

完美主義看似積極，但背後其實隱藏着不合理和負面的思想。

問題	解決
訂下不合理的目標	在大目標之下，設定可完成的小目標
目標為本，不惜代價	享受過程，從學習中得益
不是完美，就是失敗	改變這種非黑即白的思維模式
苛責自己，批評別人	欣賞每個人的努力和付出

另外，那些自我價值低的人，也容易產生後悔之情，因為他們從一開始就否定自己，所以總愛説「早知這樣做就好」之類的話，針對這一類人，提高自我價值就可減少後悔，例如多些幫助人，得到他人的認同，那自我價值感就能夠提升。改變完美主義和自我中心的心態亦有助減少不必要後悔；此外，最好就是少做錯誤之事。要減少錯誤，就必須提升自己的判斷力。判斷力是一種認知的能力，從康德的角度看，判斷力是介乎理性和理解力之間，理性是一種掌握整體的能力，而理解力則相當於知性，即知識的能力；至於判斷力，那是將普遍原則和個別情況聯結一起的能力，通常一個人知悉一大堆原則，卻不能應用到具體情況，欠缺的就是判斷力。

偏誤可以指心理上的偏差，導致不理性的思考。雖然在定義上偏誤跟謬誤不同，但兩者不一定排斥。

投射偏誤	基於當時的情緒，投射出未來的情況，並以此作出抉擇，例如今天遇到意外，就會對未來過於悲觀
記憶偏誤	人的記憶並不可靠，因為是選擇性保存下來，所以容易以偏概全，例如小時候被有鬍鬚的人嚇怕過，以後就存在這種不安的記憶
情緒偏誤	情緒會從不同方面影響我們的判斷力，例如憤怒時會不理後果、悲傷時變得負面、焦慮時依賴直覺、高興時流於輕率
沉沒成本偏誤	由於已經付出了很多，不願賠本，於是作出錯誤的選擇，例如已經為情人付出太多感情和時間，而不願斬斷這有問題的戀情

後悔與內疚

如果勉強將情緒分為「不安」和「不滿」兩種的話，內疚屬於不安，後悔歸入不滿。雖然內疚和後悔是兩種不同的情緒，但關係十分密切，因為後悔是內疚的必然後果，有內疚而沒有後悔的事例存在嗎？恐怕沒有。相反，卻可以有後悔而沒有內疚的事例，例如吃午飯時選了 A 餐而後悔，因為 B 餐比 A 餐好吃得多，但照常理我們不會因此而內疚。一般來說，我們之所以內疚是因為做了對不起他人或自己的事，這跟道德有關，例如傷害他人或違背自己的原則，後悔會比較強烈；而其他的情況，多數是因為做

了對自己不利的事而後悔，通常是沒有內疚的成分。

從這個角度看，後悔可以分為兩種，一種涉及內疚，另一種不涉及內疚。又或者可以這樣說，大致上錯誤分為兩種，一種是道德上的錯誤，例如偷竊；另一種是思慮上的錯誤，例如選錯了職業。當然，道德上犯錯有時也可能出於思慮上的錯誤，但大部分都是源於個人的私利或慾望。一般來說，道德上的錯誤比思慮上的錯誤來得嚴重，思慮不周可能是判斷力出了問題，但道德上犯錯卻是人格的問題。

顏回是孔子最出色的弟子，因為他做到了「不遷怒，不二過」，不二過就是不犯第二次過錯，犯了一次過錯，有了悔過之心，自然有所警惕，那就不會再次犯錯；但一般人，例如筆者，就經常一而再，再而三犯同一個錯誤。後悔是重要的，道德的過錯涉及責任的問題，雖然有時錯誤鑄成已無法彌補；但也不可以輕易說過去已經過去，因為責任還是存在，後悔仍然是需要的。

後悔與錯誤

兩種後悔	兩種錯誤	解決的方法
涉及內疚的後悔	道德上的錯誤，通常涉及傷害他人	道歉，尋求對方的原諒
不涉及內疚的後悔	思慮上的錯誤，通常是個人利益受損	反省犯錯的原因，原諒自己

有人說，後悔是沒有用的，因為過去已經過去，無法改變。但也可以說，後悔是有用的，因為後悔可以令我們反省，找出犯錯的

原因，吸取教訓，那以後就不會重蹈覆轍。後悔跟內疚一樣，也有健康與不健康之分，合理與不合理之別。健康的後悔可以督促自己不要再犯錯，從中獲取智慧；不健康的後悔會令我們沉溺於過去之中，沒法前行。合理是指後悔跟錯誤要合乎比例，不要過多或過少，當然，如何拿捏，這其中有很大的空間。不過，由於錯誤分為兩種，對應的後悔比例也有所不同。對於道德上的過錯，後悔不會嫌多；但有關思慮上的錯誤，我們往往是後悔得太多，太着眼於完美的決定，斤斤計較，無法擴闊心胸，這樣也難以過上灑脫的人生。對一般人來說，總是「後悔太多，內疚太少」。

後 悔 的 正 負 兩 面

正面	後悔過去，加以反省，珍惜未來
負面	沉溺在後悔中，困於過去，無法前行

還有一種比較特殊的後悔，有些人欠缺自決的能力，容易受別人的影響，當結果不如意時就會後悔自責。聽取別人的意見本來是好的，但若過於依賴的話就會有問題，有時不同意見會在你心裏糾纏不休，那就不得安寧。所以最好就是聽取別人的意見之後，自己先安靜下來細心分析，並相信你自己的內在聲音，即使選擇錯誤，也是學習的一部分，慢慢就可培養出自信。

懺悔與悔過

對於以上兩種後悔的區分，佛家有一種比較「極端」的看法，所謂「極端」不過是從常人的角度看，但從佛家的修行角度，便有其合理性。或者可以這樣看，佛家區分出兩種後悔，一種是負面的，通稱為「悔」，是佛家所講的十種業障之一，那是計較個人利害得失的後悔。另一種是正面的，稱為「懺悔」，那是用來消除業障的修行方法。也可以說，「悔」是負面的，有待消除；「懺悔」是正面的，提升自我。懺悔是普賢法門的第一要義，在《普賢行願品》中有四句偈：「我昔所造諸惡業，皆由無始貪瞋癡，從身語意之所生，一切我今皆懺悔」，懺和悔各有意思，懺是指切斷過去的錯誤，而悔則是以後不再犯錯，亦即是顏回的「不二過」。

佛 家 的 十 種 業 障

從佛家的角度看，業障是我們經歷多生累劫而來的心理毛病，修行的目的之一就是消除這些業障。

無慚	無羞恥之心
無愧	無愧疚之心
嫉	嫉妒比自己優勝之人
慳	吝嗇，不願布施
悔	錯過了機會，得不到利益而後悔
眠	想睡覺
昏沉	思路有問題，迷糊不清
掉舉	胡思亂想
瞋恚	包括埋怨、憎恨和發脾氣
覆	掩飾過錯，蓋住光明之心

在《六祖壇經》中，有一品叫做〈懺悔品〉，慧能說：「凡夫愚迷，只知懺其前愆，不知悔其後過。以不悔故，前罪不滅，後過又生。」大意是一般人只祈求寬恕以前所犯的錯，但沒有斬斷將來再犯錯的決心，於是以前的過錯沒有更正，後來又不斷犯錯。的確，人在道德上往往是進一步後退兩步，即使誠心悔過，人還是會一再犯錯，由此可見「不二過」之難。

懺悔可以說是心靈上的自我否定，跟過往犯錯的自己了斷，得以重生，帶來希望。從宗教的角度看，懺悔是救贖的方法，這涉及死後的生命。懺悔要借助外力，即使是強調自力的佛教，在普賢法門中，懺悔要借助普賢的願力，請求菩薩的寬恕，如果沒有外力的話，難道是請求自己寬恕自己嗎？對於基督教來說，懺悔就更需要外力的幫助。不過，「懺悔」是佛教的用語，為了區別起見，我將基督教的懺悔稱為「悔過」，英文是 confession，也可以叫做「告白」，所以奧古斯丁的《懺悔錄》應該正名為《悔過錄》才是。在《悔過錄》中，奧古斯丁將自己在兒童、少年及成年的過錯作深切的反省，西方有所謂三大《悔過錄》，另外兩個是盧梭和托爾斯泰的版本，我想這不是偶然的，跟西方的罪疚文化有很密切的關係。究竟「懺悔」跟「悔過」有甚麼分別呢？悔過跟救贖的關係比較大，正如《馬可福音》說：「天國近了，你們應該悔改，信福音。」悔過認罪，這樣罪就得到上帝的赦免，死後才能上天堂。猶太教的「悔過」又有別於基督教，猶太教要求補償受害者，但基督教的「悔過」不包括補償。至於佛教的懺悔，重點在於修行，清除業障；當然，跟救贖也有關係，因為貪瞋死後會下地獄，而愚痴則會落入畜生道。

基督教徒做錯了事，可以向上帝認罪，或是找神父告解，但如果是教會本身犯錯又如何呢？1999 年，天主教公開為過往的錯誤道歉，包括十字軍東征、宗教審判、殺害異教徒等等，雖然沒有明示，但也應包括二戰時對德國納粹黨的支持。正所謂「聖人都有錯」，教會做錯事又有甚麼稀奇？那麼，上帝會犯錯嗎？根據定義，上帝是全智全善，如果上帝是全智，就不會犯思慮上的錯誤；如果上帝是全善，也不會犯道德上的錯誤，既然上帝是全智全善，也就不會犯錯，沒有犯錯自然也不用後悔。但聖經卻記載了上帝的後悔，例如《創世紀》就提到了上帝後悔創造人類，這當然是因為人類所犯的罪惡，令上帝失望；那麼，上帝的後悔是來自哪種錯誤呢？我認為，上帝是不會犯道德上的錯誤，所以我寧可相信上帝是全善而非全智。

基督教的悔過

為甚麼要悔過？	因為人犯了罪，例如七宗罪
怎樣悔過？	承認罪過，尋求上帝的赦免，改變自己的行為
悔過的福分	得到上帝的救恩，免於審判
不悔過的後果	繼續犯罪行惡，良心不安，死後會下地獄

希望與未來

本章開首引用了尼采一句話「後悔是一種病」，意思是後悔是有害的。對尼采來說，錯誤並不可怕，人就是要不斷經歷錯誤才得

以成長，成為優秀的人。為甚麼尼采那麼否定後悔呢？其實尼采說話素來有誇大之處，或是「矯枉過正」罷，也許尼采認為基督教文化錯得太深，所以「矯枉」必須「過正」。當我們沉溺於後悔之中，就會困於自責和失望而無法前行，這是後悔的負面。尼采強調人必須自我超克，克服自己的弱點，但後悔正好拖着我們的後腿，令我們無法前行。我們越是後悔，就越留戀過去。雖然過去無法改變，但過去的意義卻可以改變，那是藉着現在或將來的成功，令過去的選擇變得正確，後悔只有負面的價值。但正如前面所講，後悔也有正面的意義，那就是讓我們反省，找出錯誤的原因，避免重蹈覆轍。

後悔的英文是 regret，源於古法語 regres，意思是失望或傷心，從這個角度看，賦予希望就能帶來喜悅，那不是可以消除後悔嗎？但是，尼采不僅否定後悔，也否定希望，在《人性，太人性》(*Human, All Too Human*) 一書中，尼采說希望是災難之首，因為它會不斷延續人的痛苦。尼采說：「不希求其他的可能性，不寄望於未來，不眷戀過去，不追求永恆之事，承擔生命的必要後果，面對它，熱愛它。」從尼采的角度看，希望是用來麻醉自己，所以是有害的。史賓諾莎將希望定義為「從我們對結果有某種程度懷疑的未來或過去之事物的觀念所產生的不確定性快樂」，簡言之，希望是一種不確定性快樂，這就是為甚麼希望會帶來災難的原因之一。雖然我一向不大滿意尼采這種誇大的說法，但對於一向視「希望」為正面的人來說，這有警惕的作用，比如說買六合彩帶來希望，那是窮人的希望，也是窮人麻醉自己的方法。希望是否有價值，關鍵在於減少這種不確定性，比如說有明確的目標和可行的方法，通過努力達成希望，那希望才有正面的意義。

除了尼采之外，原來也有不少哲學家否定希望的價值，例如塞內卡、叔本華和沙特。

塞內卡	希望永遠伴隨着恐懼，正由於後果不確定，我們才會產生希望和恐懼，所以不懷希望就不會恐懼
叔本華	有希望就會有失望，希望不過是令人上當的愚蠢念頭
尼采	希望是災難之首，因為它會不斷延續人的痛苦
沙特	希望是多餘的，沒有希望也要採取行動，沒有希望也要達成目標

尼采有一個思想實驗，叫做「永劫回歸」，那就是想像你會永遠重複着過去的生命，你會怎麼樣呢？假如你的過去都是悲慘的，那悲慘就會不斷重複，你承受得了嗎？由此可以帶出尼采「愛命運」的觀點，一個愛命運的人是不會後悔的，即使命運悲慘。愛命運這個想法源自斯多亞學派的奧理略（Marcus Aurelius），斯多亞學派主張心靈平靜，順其自然，無論發生甚麼事都要接受，奧理略據此提出愛命運的主張。斯多亞學派有很強烈的宿命論味道，雖然現實不可以改變，但我們可以改變對事情的態度。正如前面所說，過去不能改變，但可以改變過去的意義，永劫回歸就是用來拯救過去。尼采所主張永劫回歸和愛命運，是很豪氣的說法；但未免陳義過高，對於一般人來說，其實作用不大。即使我們可以接受一切，但未必可以肯定一切；即使肯定生命，也用不着那麼熱愛命運，包括悲慘的命運。

尼采之所以貶低希望，也許跟否定宗教有關，特別是基督教，基督教的最重要三種德性正是「信、望、愛」。尼采是一個自然主義者，否定死後的世界，那自然也否定基督教寄望於天堂的來

世。雖然尼采否定基督教的道德觀，但也有其道德主張，並且可以歸類為「德性論」(Virtus Ethics)。不過，尼采所主張的德性不同於傳統的利他道德觀，他關心的只是人生命力和精神的提升；換言之，他主張的德性都是有助於增強生命和精神力量。

尼采主張的七大德性

綜合尼采在《黎明》、《愉悅的科學》、《善惡的彼岸》和《查拉圖斯特拉如是説》等書提出的德性，可歸納出七種主要德性。雖然尼采強調人的差異性，各自有促進其生命力的德性；但我認為，這七種德性對於提升生命力來説，有其普遍的意義。

真誠	不自欺，面對真相，即使真相是醜陋
孤獨	不受外力的影響，才能有所創造
自我超克	是力量意志的表現，那就是要不斷克服自己的弱點，提升生命力
勇氣	人必須冒險，才有創造性
愛命運	肯定生命，接受一切
殘酷	對自己或他人殘酷是為了提升和創造，有時須要破壞或受苦才會有所創造
贈予之德	查拉圖斯特拉説這是最高的德性，因為這是生命力旺盛的表現，但不同於亞里士多德講的慷慨之德

尼采否定後悔的另一個原因恐怕是它跟「冒險」有衝突，一個有勇氣的人是勇於冒險的；而一個經常後悔的人多是不願冒險，因為害怕損失。尼采認為人必須危險地活着，這樣才有創造性，而後悔會令人顧慮得失，尋求安穩，趨向保守，不願冒險。雖然我也認為勇氣很重要，勇氣可以説是精神力量之首；但恐怕我是無法認同尼采那樣否定希望，希望在我心目中也有很重要的地位。

排除了那些不切實際的希望，有了希望我們才可以計劃自己的人生；假若其他條件相約，一個心懷希望的人總會活得較愉快。

結語

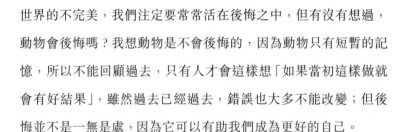

世界的不完美，我們注定要常常活在後悔之中，但有沒有想過，動物會後悔嗎？我想動物是不會後悔的，因為動物只有短暫的記憶，所以不能回顧過去，只有人才會這樣想「如果當初這樣做就會有好結果」，雖然過去已經過去，錯誤也大多不能改變；但後悔並不是一無是處，因為它可以有助我們成為更好的自己。

其實在一般的情況下，比如說不是在陷入某種情緒的狀態之下，我們所作的選擇在當時所擁有的資訊下，大部分都是較好的選擇，所以不要太介懷過去，應該將時間花在未來的選擇上。要不後悔的話，也可以儘量選擇做自己喜歡的事，當然不可以傷害他人。完全無悔的人生似乎並不可取，比如說做了對不起人的事也可以無悔嗎？我認為，做了傷害他人的錯誤之事，後悔還是需要的，無悔只針對涉及自己的事。當然，經過反省發覺自己沒有錯誤，那也用不着後悔，後悔是貴重的，不要隨便後悔。

有人對臨終病患者進行研究，調查有甚麼是他們後悔的事，正所謂「人之將死，其言也善」，結果很有參考價值，因為這是人的真誠表達。在調查結果公佈的後悔事件中，有兩件事特別令我

印象深刻，一件是後悔沒有結婚，另一件是後悔沒有孩子。我認為，前者對應的是情感，後者對應的是自我延續。很多人一生追求名利，到頭來發覺原來情感才是最珍貴的東西，在人的情感中，最濃烈的就是愛情，而婚姻則是愛情的延續，也是相依為命的保證。至於自我延續，這可以說是克服死亡的方法，中國古人有所謂「立德、立功、立言」三不朽，以不朽來克服死亡；不過，大部分人都做不到三不朽，卻可以透過下一代來自我延續，總之就是在世間留一點痕跡。其實藝術家何嘗不是如此，藝術創作可以說是精神上的生殖，我是畫畫的，也希望在死前能留下代表性的作品。「後悔沒有孩子」也可以有另一種解釋，很多夫婦都希望有孩子，即使不知道將來孩子會怎樣，因為孩子本身就是「希望」。

離世前不做會感到後悔之事

對我來說，無悔的人生就是能夠實現自己的人生目的，以及體會生死的意義。

實現人生的目的	例如創作有代表性的作品，包括書和畫
體會生死的意義	例如思考有關的問題，儘量理解多一些

最後，我想講的一種後悔，或許可稱為「後悔的弔詭」，那是由於害怕後悔，卻作出了後悔的選擇，例如那些所謂「最後機會，不買會後悔」的宣傳廣告，常令人失去理智，正如我剛剛看到的一個樓盤廣告：「上車的最後機會」。

伊凡是俄國的第一任沙皇，也是著名的暴君，只有 17 歲時就殺了攝政王，自立為帝，其後更不斷殺害反對者，所以有「恐怖的伊凡」之稱。在一次爭執中，伊凡在盛怒下錯手殺死了自己的兒子，這幅畫就是描寫這個場景。為了增強畫面的血腥感，列賓用了深紅的調子，伊凡瞪大了眼睛，抱着死去的兒子，表現出極度懊悔。

《伊凡殺子》(1885)

作者：列賓
原作物料：油彩
尺寸：199.5 x 254 cm
現存：俄羅斯莫斯科特列恰科夫美術館

7

埋怨

不怨天，不尤人

——孔子

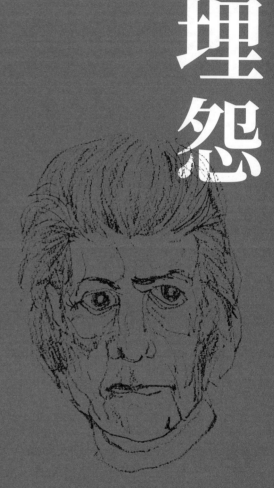

早前在公園看到一個約兩歲的兒童被石頭絆倒，
於是哭了起來，婆婆立刻上前扶起他，並指着石
頭說：「衰東西，絆倒寶寶。不要哭，乖乖。」我
想，這就是很多人學會了埋怨的第一課。

大部分人都不能單獨地生活，即使能夠在孤島上獨自生存，也只能過一種十分有限度的生活。如果想活得更好，人就必須群居，分工合作，組成社會；但生活在一起的時候，人和人之間又會出現摩擦，埋怨由此而起。生活在這個世間，很難沒有憾事，特別是在人際關係，無論是夫妻之間、朋友之間、同事之間、上司和下屬之間、父母和子女之間，埋怨總是難以避免。即使能做到與人無怨，但也可能會抱怨自己的命不好。

相信沒有人喜歡跟愛抱怨的人在一起，讀中學時我就有一位這樣的同學，他真的幾乎每天都在抱怨，比如說老師偏心、考試制度不公平、家貧上不了補習班等等。雖然抱怨的對象不是我，但我還是害怕跟他在一起，因為每次聽完一番牢騷，心情都是不大好的；或許他抱怨過後，心情會好一點。從這個角度看，愛抱怨的人有點將自己的快樂築在他人的痛苦之上。

讓我們先定義甚麼是「埋怨」，我將埋怨理解為一種不滿的情緒，就是當我們處於不如意狀態，如有所損失或受到不合理的對待，並且認為他人、社會或是上天要對此負上責任。埋怨跟憎恨和厭惡有相似的地方，憎恨比埋怨強烈，也可以說是，當不滿的情緒增加到某種程度，可能會變成憎恨。至於厭惡，跟埋怨的主要分別在於引發不滿的事物是否有普遍性，很多時埋怨都有主觀性，因為各人的標準都不一樣，處於類似狀況下的人，有人會埋怨，有人不會埋怨；各人埋怨底線也不盡相同，有人稍有不滿就發牢騷，有人的忍受程度相對高些。但引致厭惡的事物則較具普遍性，例如有人在車廂內當眾清潔鼻孔，而令人厭惡的事也不一定使我們有所損失。

社會情緒 VS 自然情緒

大抵上我們可以將人類的情緒分為兩類，自然情緒是與生俱來，社會情緒則是後天從社會上學習得來的。

自然情緒	喜悅、憤怒、悲傷、恐懼、厭惡
社會情緒	埋怨、憎恨、嫉妒、後悔、內疚

埋怨與不滿

即使是好脾氣的人偶爾都會埋怨一下，我有一位繪畫老師，其實已經擁有很高的成就和不錯的名聲，但還是覺得未受藝術界重視，所以每次茶敍都對此事有所抱怨。比起憎恨和憤怒，埋怨只是一種很輕微的不滿情緒，沒有甚麼大不了；也許是這個原因，當我們談情緒對人的影響時，似乎都忽略了埋怨。不過，在現代社會，埋怨這種情緒正在不斷膨脹，以香港為例，香港人動不動就會投訴，就是因為有太多不滿，還記得那個名句嗎？「香港人最喜歡的就是 complain，complain，complain」，為甚麼香港人有這麼多不滿？是因為我們要求高？或是我們的權利意識強？還是社會真的有太多不公平嗎？或許這些都是原因，但我認為更重要的是香港比一般現代社會還要競爭激烈。在傳統社會，對大部分人來說，階級和地位幾乎一出生就被決定了，身為農民的不會奢望成為達官貴人，只求安於本分；但現代社會卻大大不同，這是競爭激烈的社會，人被賦予相同的機會，有競爭就會有比較，

有比較就會有不滿，例如：「為甚麼我的能力比他強，升職的是他卻不是我？」「他的成績好過我就是因為家境比我優越，有錢請補習老師，為甚麼上天這麼不公平？」

進入了互聯網時代，埋怨和不滿之聲就更多，這是因為多了公開表達的途徑，如 YouTube、Facebook、Twitter、Instagram 等社交媒體，比起舊有的媒體如報紙或電視更普及，只要用手機接上互聯網，任何人都可以自由表達，即時回應。只要不是虛假或仇恨的言論，一般都不會被禁止，而且在互聯網上你可以隱藏身份，那就更加可以毫無顧忌，暢所欲言。就是這樣，互聯網成為了一般人宣泄怨氣的好方法，成本低嘛。

除了以上的社會和時代因素外，愛埋怨也涉及個人的因素。為甚麼有些人經常抱怨，有些卻少抱怨呢？我認為有以下幾個原因，第一，愛抱怨者總是注意到別人的過失，卻看不到自己的問題，是一種只要求他人的完美主義者；如果我們能夠注意自己的缺點，正所謂「己所不欲，勿施於人」，自然也不會那麼容易埋怨他人。第二，出現了解決不到問題，只有靠抱怨來宣泄情緒。第三，到了失望，或無可挽救的狀態。從第二和第三點來看，處於社會低下階層的人自然會多些怨氣，因為他們缺少改變生活的社會資源，難怪孔子也說「貧而無怨，難」。第四，愛抱怨的人也有可能是為了滿足自戀需求，精神科醫生寇哈特（Heinz Kohut）指出，若小時候得不到父母的愛，缺乏自戀需求的人，長大後一遇到不如的事，就很容易產生不滿，例如用餐時食物只是遲了一點，就馬上找侍應投訴。最後，有所謂「受害者情意結」，有些人總是認為別人針對他，自己永遠是受害者。

抱 怨 的 原 因

個人層面	只注意別人的過錯
	有解決不了問題
	處於無能為力的狀態
	滿足自戀需求
	受害者情意結
社會層面	競爭激烈的社會導致很多挫敗和不滿
時代因素	在互聯網時代，我們多了很多表達不滿的途徑，間接鼓勵了抱怨

有人認為整天只管埋怨的人不僅無濟於事，更會破壞人際關係，令情況更糟；所以應該停止抱怨，靠自己的努力改變現狀。這樣說當然沒有錯，但正如前面所說，有時我們之所以埋怨，就是已經很努力也解決不了問題，或是到了沒有希望，無能為力的境況。其實抱怨也有它的功能，比如說抒發情緒，悶在心裏反而有害健康。對某些人來說，抱怨更是一種溝通的方式，我認識一個人，他的媽媽就愛經常抱怨，特別是在子女面前抱怨其他不在場的子女，我想這位母親正是用抱怨來跟子女溝通；當然，這不是一種好的溝通方式。問題是，為甚麼對某些人來說，抱怨竟然成為一種表達的方式？似乎女性較男性愛抱怨，正如孔子所說：「唯女子與小人難養也，近之則不孫，遠之則怨。」也許有人認為這是歧視女性，但孔子只不過是報告當時的情況。在古代的父權社會，一般女性沒有受教育的機會，也欠缺出外謀生的技能，經濟上不能獨立，只能依靠男性，難免要受不少委屈，也就容易發展出抱怨的溝通模式。從這個角度看，埋怨也可以是試圖改變他

人的一種方法，因此，也不可以說抱怨是完全無濟於事，想想古代帝皇寵愛的妃子會愛説些甚麼話。

抱 怨 的 作 用

宣泄情緒	有心中抑壓的不滿，也透過不滿來抒發不安
溝通模式	特別是缺乏社會資源的人士
改變對方	透過抱怨試圖影響對方，達到滿足自己的要求

孔子論怨

相信孔子是少有重視「埋怨」這種情緒的哲學家，在《論語》中，「怨」這個字出現了二十次，比「恥」還要多。對孔子來說，怨是一種很普遍的情緒，正如上一節的引文「唯女子與小人難養也，近之則不孫，遠之則怨。」小人即是普通人，也佔大多數，如果對他好，他就會對你無禮；若對他不好，他就會埋怨你。為甚麼會產生怨呢？孔子説：「放於利而行，多怨。」如果凡事都以利益先行，那就會招來抱怨；這也是為甚麼小人多抱怨，因為「君子喻於義，小人喻於利」，從修身的角度看，埋怨是必須轉化的情緒，人不但要「知恥」，也要「無怨」，有甚麼好的方法呢？

要做到「無怨」，就要認識怨的兩方面，一方面是他人對你的怨，另一方面是你對他人的怨。先講前者，如何消除他人對你的埋怨

呢?孔子提出了幾個方法,第一個是「躬自厚而薄責於人,則遠怨矣」,意思就是嚴於責己,寬於待人。的確,愛抱怨的人剛好相反,那是「嚴於責人,寬於待己」。第二是不念舊惡,就像伯夷和叔齊一樣,孔子說:「伯夷、叔齊不念舊惡,怨是用希。」伯夷和叔齊是孔子景仰的聖人,他們本該當王的,但都讓位於人,他們也有不念舊惡的美德,能夠寬恕他人,不懷恨在心,自然也不會招來抱怨。還有,就是「己所不欲,勿施於人」,不要將自己不願意的事強加於人,孔子說:「出門如見大賓,使民如承大祭。己所不欲,勿施於人。在邦無怨,在家無怨。」在這裏,孔子是教導仲弓如何從政,「出門如見大賓」的意思是見到任何人,都要恭敬有禮,即使自己身為領導人,「使民如承大祭」的意思是要對老百姓負責任,這兩個都是對從政人士的要求,而「己所不欲,勿施於人」則是背後的大原則,能夠這樣,就可以「在邦無怨,在家無怨」,從政人的責任就是令人民無怨。但也可以說,身為領導人,受人埋怨是不可以避免的,所以領導人更加要有包容的氣度。

接着要討論的是如何處理自己的怨,最重要的方法就是孔子講的「恕」,寬恕不但可以減少他人對自己的怨,也可能消除自己對他人的怨。其實我們最容易埋怨的就是自己的親人,特別是父母;但孔子認為我們是不應該埋怨父母的,他說:「事父母幾諫,見志不從,又敬不違,勞而不怨。」正如前面所說,生活在這個充滿缺憾的世界,很難無怨,比如說貧窮,孔子也說:「貧而無怨,難;富而無驕,易。」要做到安貧樂道就更難,難怪孔子這麼推崇顏回,因為他能真正做到「一簞食,一瓢飲,在陋巷」而不改

其樂,而且「不遷怒,不二過」,我們普通人最容易就是遷怒於他人,例如「爸爸工作上受了氣,回家找子女出氣」,相信顏回已經達到孔子「無怨」的標準。

窮人修養的三個層次

貧而無諂	人窮了也不低頭、不諂媚、不奉承
貧而無怨	人窮了也不怨天、不尤人
安貧樂道	人窮了還能安樂,守住道

不過,有時埋怨也可以是合理的,例如別人做了一些傷害自己的事,感到怨恨也很自然,但該如何面對呢?有人提出「以德報怨」,這樣就可化解怨恨;但這並非孔子的主張,孔子認為應該「以直報怨」,那是真誠公正地回應,超越個人之怨。的確,若以德報怨,似乎有點虛假。

一般人總是怨天尤人,要做到孔子的「不怨天,不尤人」,須要很高的修養,除了培養寬恕的品德外,另一個方法就是學詩。孔子說:「詩,可以興,可以觀,可以群,可以怨。」面對社會的不合理地方,詩可以助人抒發怨氣。在孔子的時代,詩分為「風」、「雅」、「頌」,風是國風,即各國的民間詩歌,很多都反映着人民對社會或政權的不滿。詩是一種藝術,按道理,其他藝術如繪畫、音樂和戲劇也有抒解怨氣的作用。

詩的四種功能

儒家比較重視藝術的社會政治功能，跟道家強調的精神自由不同。

興	引發人的真實情感
觀	觀察人的思想情感
群	跟他人交流溝通
怨	抒發心中的怨氣

孔子從政的目的是想建立一個人人有禮的和諧社會，無怨不但是個人的修養，也是社會的理想狀態。不過，社會上的怨氣多是制度不公所造成，這是需要我們重視的。雖然孔子主張為政者要通過詩去體察民間疾苦，消除社會的怨氣；但只依賴人的自律似乎無法釐清責任，或根治來自制度的問題，第四節會討論這方面的問題。

知足常樂？

我們之所以會抱怨，就是因為有所求，由於慾望得不到滿足而怪罪他人。如果是無慾無求的話，不就是可以無怨嗎？但誰真的可以做到無慾求呢？比較可行的還是知足，所謂知足常樂。的確，降低標準，人就會容易感到滿足，也就不會有所埋怨，但如何達到知足呢？

我認為有幾個方法。第一,不要跟人比較,如果老是跟人比較的話,那就一定不會滿足,因為不論在哪方面,永遠會有人比你優勝。或者有人認為,如果本身已經是十分優勝的話,即使有人比你更好,也應該不會埋怨;但應該如此並不表示事實如此,有時富有之人的不滿比窮人還要多。我認為追求卓越跟喜歡跟人比較是不同的,後者往往出於嫉妒之心,而前者則是真實自我的要求。其實也不是真的完全不能跟人比較,但我們往往只着眼於成敗或後果,而不是比較成敗的原因,若能認識別人成功的原因,跟自己比較一下,也許對提升自己有所幫助。

第二,如果能夠做到自己真正想做的事,即使其他方面比人差,也就不會有甚麼太大的牢騷。問題是,甚麼是自己真正想做的事?那必須探究自我,這也可以說是每個人的責任。比如說畫家必須畫畫,詩人必須作詩,哲學家必須思考。能夠創造適合自己的人生,正是幸福的人生,還不感到滿足嗎?也即是說,不須理會他人,只專注自己的事。

第三,要持感恩之心,想想自己已經擁有的東西,例如你的家庭、朋友、工作等等。如果你正在埋怨自己人生不夠理想,就請想想你已有的東西。如果你埋怨的是你的父母,就想想父母為你付出的一切。感恩讓我們有安穩適意的心境,因為這表示有關心和重視我們的人存在,在已經不錯的狀態下,追求更美好的人生。感恩所產生的精神效果其實有其生理的基礎,因為感恩會使我們的大腦分泌四種物質,產生愉快的心情。我認為感恩必須配合反省才有更好的效果,例如「曾經接受人的恩惠」、「曾經被人

原諒」、「曾經給人帶來麻煩」等等。

比起之前兩種方法，我認為感恩有更好的效果，前兩者只是避免
埋怨的出現，但代價可能是退回自己的舒適圈，不理會世情；但
感恩卻不同，感恩是直接面對埋怨，因為它能夠鬆開那種「不可
原諒的心情」。不少人都對父母都有所埋怨，有些人更視父親為
「仇人」，但只要想想小時候還不能自理時，父母如何照顧我們，
很難不會有感恩之心。不過，亦有些人之所以埋怨父母，就是因
為父母將他們帶到這個充滿痛苦的世界。我是相信靈魂轉世的，
從我的角度看，父母其實是接受委託來照顧我們此世之人，既然
是拜託他人做事，又怎可以不感激呢？

感恩令大腦分泌的四種物質

血清素	讓我們的心情變好
催產素	稱為愛情激素，是戀愛時分泌的物質，令我們心情愉快
多巴胺	是信息傳遞的物質，能令我們頭腦清晰
內啡肽	具有鎮靜的作用

知足可以說是人生的修養，即使別人有虧於我，也可以安然處
之；但正如前面所講，埋怨也有來自社會的不公，只是改變自己
的心態無助於消除不公，反而有可能視之為常態，那麼，「知足
常樂」就變成了維持社會不公的幫兇。另外，知足只是改變自己
的心態，我們也可以積極一些，透過增強自己的能力，解決自身
的問題，滿足慾望，那就用不着埋怨。不過，也許有人覺得「知
足」和「自強」兩者存在着矛盾，因為我們之所以要自強就是有

感於不足；若凡事「知足常樂」，人豈不是會一直原地踏步，毫無長進嗎？我認為兩者是沒有衝突的，知足的重點在於對自己感到滿意，珍惜你已有的東西，知足是接受自己；而自強則在於改進自己，着眼於未來，追求更好的自己。我反而覺得在知足的基礎上追求自強是更有利的。

有 助 減 少 埋 怨 的 品 德

知足	處於滿足快樂的狀態
寬恕	原諒他人的過失，消除不滿
自強	有能力解決問題，滿足自身的慾望
容忍	接受他人的缺點，就不會有所怨

就自強方面而言，尼采的哲學也許有參考的價值。雖然尼采自稱為非道德主義者，但其實他反對的只不過是傳統那種主張無私的利他道德思想，我們可以稱尼采的主張為利己的道德思想，在這裏，利己並不是自私，而是提升自己的生命力量，在《黎明》(*The Dawn of Day*) 一書中，尼采主張「勇氣」、「真誠」、「大量」、「禮貌」這四種品德，「大量」是生命健康的表現，一個大量的人自然不會嫉妒或埋怨。尼采甚至認為，即使是社會上的不公平，我們也要欣然接受，因為這些不公帶來的痛苦可以磨煉我們，令我們變得更強大。

責任誰屬？

根據我的觀察，在那些愛埋怨的人當中，有部分其實是為了推卸責任，凡遇上不如意的事，首先責怪他人，免除自己的責任，正所謂「賊喊捉賊」。另外有一種愛抱怨的人則是為了獲取自尊，這種人表面上是為了公義，實質是源於自卑或嫉妒的情意結。我正認識一個這樣的人，他十分強調權利和平等，卻又經常在茶餐廳之類的地方投訴侍應的服務，例如只是食物遲些送來就抱怨和投訴，說這是消費者的權利。從我的角度看，那更像是透過欺負比自己（地位）弱小的人來獲取自尊，以平衡自卑的心態；情況就好像在《叮噹》漫畫中，小虎和技安以欺負大雄來提升自己的地位，小虎炫耀的是財富和聰明，技安則訴諸暴力。

我認為，「埋怨」和「自尊」兩者存在着一種微妙的關係。根據政治哲學家洛爾斯（John Rawls）的說法，無論你的人生計劃是甚麼，任何人都需要「社會基本有用物品」，包括自由、權利、機會、財富、收入、地位、權力、自尊等等，如何分配就涉及公正的問題。在這些「社會基本有用物品」當中，像自由、權利和機會，作平均分配是沒有問題的，大家都可以擁有相同的自由、權利和機會（機會平等），例如所有人都有言論自由的權利；至於像財富、收入、地位和權力，則不應，也不能作平等的分配，因為這些都屬於競逐性的東西，你多一點點權力，我就會少一些；有人出名，就表示有人不出名。自尊似乎有點特別，理論上大家都可以有平等的自尊，但自尊也有競爭性的一面，是我們可以在社會上角逐的東西，這是因為自尊可以建立在財富、地位和名聲

之上，比如説通過貶低人來抬高自己的地位，獲取自尊，那像是掠奪他人的自尊。從這個角度看，抱怨也有掠奪自尊的作用。

我們之所以埋怨某人，就是認為對方犯了錯，或是要為我們的損失負上責任，但如果錯不在對方，我們的埋怨就變得不合理了。例如光顧餐廳時，我們會因為「漏了單」而怪責落單的侍應，但其實出錯的可能是廚房。又例如家境不好，沒有錢上大學，我們真的可以怪責父母嗎？在那個教育還未普及的年代，老一輩的人還有着重男輕女的思想，於是只讓兒子讀書，女兒卻頂多讀到小學；那麼，女兒埋怨父母不公有合理性嗎？又例如，一個天生殘疾的人，埋怨上天又是否合理呢？埋怨的合理性究竟在哪裏？我認為，合理的埋怨必須涉及對方有意識的行為，並且會對我們造成不公、傷害或損失；那麼，埋怨上天似乎就不合理，除非你認為上天是有意志的。前面兩次提到孔子講的「貧而無怨，難」，「窮」跟「貧」不同，窮不一定指財物方面，也可指學識上的貧乏，或是遇上困難，人有困難時怨天也是很正常的。正如韓愈所説：「窮極則呼天，痛極則呼父母。」亦有謂「人窮反本」，當我們到了絕路困境時，自然就會呼天怨地，覺得是上天給予的不幸，有人認為這是逃避現實，但也可以説是心理自衛的機制。

寫到這裏，我想起了聖經裏約伯的故事，約伯本來是虔誠的信徒，有一天魔鬼跟上帝説：「約伯之所以那麼虔誠，就是因為你賜予他的一切；如果將這些東西拿走的話，他就不會崇拜你了。」上帝為了證明約伯的信心，於是同意魔鬼對約伯的試煉，魔鬼先拿去約伯的牲畜，然後奪去他妻子和兒女的性命，更令他全身生

了膿瘡，這個時候約伯的信心似乎有點動搖，也開始埋怨上帝，問題是，約伯對上帝的埋怨合理嗎？

合理的埋怨還有社會上的怨氣，因為這往往是政府施政不善所致，從人民的怨氣也可以看到社會的問題所在，正如前面所説，在孔子的年代，詩就發揮了體察民怨的功能；不過，孔子強調的是「怨而不怒」，十分溫和，也形成了後來「溫柔敦厚」的儒家文藝觀。可是，儒家這種「溫柔敦厚」的文藝觀到了宋以後已經不合時宜了，一來是社會變得封閉，二來是政治越來越專制，不少文藝界的人都反對這種文藝觀，例如明代戲劇家湯顯祖，他的《牡丹亭》正是對傳統封建禮教的批判。清初的金聖歎認為《水滸傳》是「發憤之作」，即發泄出被迫害人民的憤怒之聲；蒲松齡也説他的《聊齋誌異》是「孤憤之書」；就連山水畫也可解讀為發泄「幽憤之情」。在那種政治黑暗，公義未能伸張的時代，也只有通過藝術作出間接的控訴。

合理與不合理的埋怨

不合理的埋怨	對方沒有犯錯，不須付上責任
	抱怨的標準訂定太低
	抱怨用來掠奪他人的自尊
合理的埋怨	別人對我作出傷害或不公的對待，可視為個人修行的鍛煉
	源於社會制度的不公，必須作出改革

結語

埋怨作為負面情緒，其中一個弊端就是具有傳染性，被人埋怨得多，也容易埋怨他人，即使對方不是埋怨你，但聽得太多也會破壞了你的心情。孔子只教導我們無怨，但沒有說明如何避免怨氣的入侵，我也沒有甚麼好方法，當我遇上愛抱怨之人，也只有「三十六着，走為上着」，避之則吉；但若對方是你的親朋，那就可能避無可避。愛抱怨者另一個令人吃不消的地方就是「錯的只是別人，自己卻永遠是正確的」，給人一種強勢的姿態，引起聽者的反感；所以我認為若抱怨者能同時說說自己的不是，或放下姿態，效果可能會好些，至少不會那麼招人討厭。

埋怨經常伴隨着一種情緒就是煩躁，例如近幾年地鐵經常發生事故，出現誤點，趕上班的人除了埋怨地鐵管理不善之外，也有煩躁的情緒，如果能夠有「忍」的修行工夫，就可以平息情緒的干擾，或者大家認為「忍」是來自大乘佛教六波羅蜜之一，但原來《尚書》早有忍的主張「必有忍，其乃有濟；有容，德乃大。」忍是忍受，容是寬容，後來「容」與「忍」給合，就變成了「容忍」一詞，這個結合真的很美妙，因為忍是有強迫性的，若能配合容就沒有那麼辛苦。容忍跟寬恕的意思有點相近，但並非相同，容忍對應的是一些小毛病，而寬恕對應的則是較嚴重的過失。

在處理人的情緒方面，孔子提出了兩個重點，一個是「知恥」，是邁向理想自我的起點；另一個就是「無怨」，凡事都要靠自己，即使有時埋怨有其合理性，如果不及時解怨的話，可能會惡化為

其他負面情緒，嚴重的有憤怒和厭惡，輕微的有後悔和哀怨。由「知恥」和「無怨」可以看到儒家的積極性，作為一種修身哲學，儒家的努力進取的確有其見地；但若是社會不公所造成的怨氣，單靠個人的修身恐怕是無能為力，所謂「修身、齊家、治國、平天下」，其實是一種誤判，社會的不公必須改革制度才能改善，非個人修養可以解決。以為只要個人道德搞好，政治社會就會搞好，只是一廂情願的想法。

孔子的情緒管理

培養人的羞恥之心	建立理想的道德我
消除人與人之間的怨氣	建立和諧的社會

其實埋怨也不完全是負面的，「適度」的埋怨是表達個人不滿的方法。從民怨可以認識政治上的得失，個人的埋怨也是理解自己的切入點，從埋怨的事上我們可以知道甚麼是自己真正重視的東西，從埋怨的低線也可以認識自己忍耐的程度。

布萊克是英國詩人和畫家，屬於浪漫主義，但有異於學院派的寫實傳統，畫風十分獨特。他的《約伯記插圖》是受人委託所畫，這一幅是講述約伯患病後有三個朋友來探望他，朋友認為他一定是做了些不可告人的壞事，否則不會遭到上帝的懲罰，畫中約伯一臉無奈，滿肚委屈，欲辯無言，難道心裏就沒有一絲對上帝的抱怨嗎？

《約伯被友人訓斥》(1805-1806)

作者：威廉・布萊克
原作物料：水彩
尺寸：23.4 x 28 cm
現存：紐約皮爾龐特・摩根圖書館

8 憎恨

怨恨使人的靈魂
變得深刻

——尼采

二十多年前，當我在電視上看到 9‧11 襲擊的畫面，真的感到十分震撼，當時我有兩個朋友正在紐約，也擔心着他們的安全；但更令我震驚的是另一個畫面，就是另一邊廂的阿拉伯人熱烈地拍手叫好，他們不過是普通的市民，為甚麼會這麼高興呢？唯一的合理解釋就是對美國人懷有強烈的憎恨。

這些被西方視為恐怖分子的自殺式襲擊者，在阿拉伯世界卻是正義的戰士，復仇就是為了正義，其實沙地阿拉伯、阿富汗、伊朗、伊拉克等都暗中支援着阿爾蓋達這個恐怖組織。但問題是：「為甚麼阿拉伯世界會對西方社會有着強烈憎恨呢？」是因為美國曾經攻打伊拉克嗎？是美國幫助猶太人復國，建立了以色列，奪取了巴勒斯坦的土地嗎？或是由於經歷了三次十字軍戰爭，伊斯蘭世界跟基督教國家累積了千多年的仇恨呢？還是他們認為伊斯蘭世界普遍落後的原因是被西方世界剝削？阿拉伯人的憎恨合理嗎？可以肯定的是，憎恨會導致暴力。當然，大部分憎恨西方的阿拉伯人都不會穿上炸彈背心，作自殺式襲擊。即使憎恨是合理，我也不認為殺傷無辜的自殺式襲擊是對的。有人會將這些恐怖襲擊類比為第二次世界大戰時日本的自殺式攻擊，但我認為兩者根本不可以相提並論，後者是兩軍的正式對決，而前者不過是針對普通人的無差別攻擊。

憎恨是一種很普遍的情緒，佛家講的七情是「喜、怒、憂、懼、憎、愛、惡」，憎恨正是其中之一。相信大家都經歷過憎恨的情緒，有過所恨之人，為甚麼我們會懷恨呢？有人認為貧窮是其中一個原因，雖然孔子說過「貧而無怨，難」，但埋怨跟憎恨始終有所分別，除非我們認為貧窮是來自他人的剝削，我們本身是受害者；社會的嚴重不平等會助長仇富的心態，共產主義之所以一度風行，就是因為成功激起了無產階級對資產階級的憎恨。憎恨之所以出現，多數是對方做了對自己不利之事，特別是那些背叛我們的人。從佛教的角度，憎恨屬於「嗔」，是三毒之一，其餘兩毒是「貪」和「痴」，所謂「三毒」就是毒害心靈，帶來煩惱的三種東

西。佛教有所謂「見思二惑」，見惑是見地有問題，例如認為身體就是自己，這是身見；思惑則是思想上的問題，三毒屬於思惑。佛教講的嗔十分廣泛，除了憎恨之外，還包括憤怒、埋怨、嫉妒和厭惡，在佛教的六道輪迴圖裏，中心有一個圓圈，圈內有三種動物，分別是鴿、蛇、豬，互咬着大家的尾巴，蛇代表的是嗔，據說蛇就是一種極易懷恨，有仇必報的動物。

三毒

貪	金錢、名譽、地位、權力、享樂等等
嗔	脾氣、埋怨、嫉妒、憤怒、憎恨等等
痴	愚昧、痴心、迷戀、盲從、妄想等等

《唯識二十論》中記載了一個關於末蹬伽的故事，末蹬伽是一位修行者，已修得各種神通，有傳言用糞汁淋在末蹬伽身上就可以去除厄運，當時的國王戰事不順，於是就嘗試這個方法，果然打了勝仗。雖然末蹬伽受辱，但由於他有忍辱的修行，沒有產生嗔心。自此之後，國王和他的妃子每有不如意的事，就使用這個方法；最後末蹬伽也忍不住，嗔心大發，用神通毀滅了這個國家。其實我不太明白這個故事的教訓，究竟它是想告訴我們修行之難，或是嗔心具有很大的破壞力量，還是有時憎恨也有其合理性呢？

憎恨與憤怒

一般探討情緒的書，大多會講解憤怒，卻少有提及憎恨，或只是
輕輕帶過，而憤怒則長篇論述，也許這些作者認為，憤怒比憎恨
更具破壞性。不過，我認為憎恨比憤怒更危險，危險在於它的默
默無聲，嚇你一驚。相對於憤怒，憎恨是一種安靜的情緒，在暗
地裏慢慢累積，伺機而行。

雖然憎恨和憤怒這兩種情緒十分相近，但也有着明顯的差異。其
中一點是憤怒是比較具體和簡單的，生氣通常是一種即時的反
映，多數是由於對方做了些傷害我們的事；但憎恨並不是即時反
應，它需要累積一段時間才會產生，並具有持續性。難怪亞里士
多德說時間可以治癒憤怒，卻無法治癒憎恨；他還指出憤怒會帶
來痛苦，但憎恨卻沒有痛苦，因為憎恨能給人一種道德上的優越
感，那是愉快的。的確，有時我們憤怒過後，會為自己的不當行
為感到內疚；但憎恨卻不同，當我們成功報復之後，會感到愉快。

憎恨比憤怒複雜得多，憎恨包括了憤怒和恐懼，說恐懼的意思是
有時我們會害怕碰到所恨之人，或者會儘量避開他們，也可以說
憎恨是一種潛藏的憤怒。憤怒和恐懼都是人類的自然反應，當我
們遇上威脅時，就自然會產生這兩種情緒，這兩種情緒會導致生
理的變化，一種是準備迎敵（憤怒），另一種是準備逃跑（恐懼）。
憤怒和恐懼也可以互相轉換，當我們面對恐懼時，也可能表現為
憤怒；所以有時從一個人對甚麼會感到憤怒，就可以知道他所害
怕的甚麼東西。憎恨是一種社會的情感，但又不同於羞恥和內
疚，羞恥和內疚可以令我們成為更好的自己，對象是我們自身；

但憎恨卻相反，憎恨的對象是外在的，憎恨足以令納粹黨屠殺六百萬的猶太人，所以我認為憎恨才是最負面的負面情緒。

憎恨和憤怒的另一個分別是，憤怒通常只是針對某個人或團體對我們的傷害行為，我們只是為了這個特定的行為而生氣；憎恨卻不同，憎恨的是整個人或整個團體，例如納粹黨憎恨猶太人，白人至上的 3K 黨憎恨對黑人，阿爾蓋達組織憎恨美國人等等。也可以說憤怒是「一人做事一人當」，而憎恨則是「誅連性」的。還有，憤怒通常只要求對方道歉或接受應有的懲罰；但憎恨是想消滅對方，正所謂「恨之入骨」，有時為了報復，憎恨會令人不惜一切，甚至同歸於盡，那些執行自殺式襲擊的人一定充滿了憎恨，從這個角度看，憎恨比憤怒更加可怕。

憎恨 VS 憤怒

憤怒	憎恨
即時反應	累積性，潛藏的
針對某人或團體的行為	涉及整個人或團體
要求道歉或接受懲罰	要消滅對方

雖然憎恨跟憤怒有別，但兩者又是關係密切。比如說憎恨就包含了憤怒，而憤怒也可以累積為憎恨，所以適當地處理憤怒也是防止憎恨的一個方法，例如前面提及的末蹬伽，如果他最初能夠適當地表達憤怒，國王就不會一而再，再而三地這樣待他，也就不會導致後來的慘劇發生。另一方面，憎恨可以暫時舒緩憤怒，也為挫折和失敗找到出口。

報仇雪恨？

憎恨是一種打轉的情緒，走出這種痛苦狀態的一個方法就是報仇，9・11 的恐怖襲擊就是一次復仇行動。復仇令人暢快，但這只能帶來短暫的慰藉，無法給予幸福。復仇之心可以毀滅一個人，如果不能復仇，消滅對方，也可能反過來殺死自己，因為憎恨必須有一個出路，更有人希望自殺後可以化成厲鬼來報仇，你有聽過這樣的鬼故事嗎？就是穿紅衣自殺的人，相信怨恨可以賦予他復仇的力量。

種族之間的憎恨最初可能只是來自偏見，而偏見則源於不同，例如習慣不同、膚色不同、信仰不同，不同造成隔膜，產生偏見和對立，即使對方從沒有做過甚麼傷害你的事。嚴重的偏見會產生憎恨，然後演變為種族歧視，種族主義就更加助長歧視，當憎恨累積到某一點就會爆發，以暴力來解決問題，最差的可能情況就是種族清洗。繼納粹黨屠殺六百萬猶太人之後，上世紀九十年代出現了好幾次嚴重的種族滅絕事件，死亡的人數以十萬計，例如盧旺達的胡圖族人屠殺圖西族人等等。

可怖的金字塔

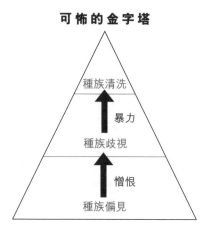

當然，報仇是有風險，也有代價的，它亦可以一種隱蔽的方式來
進行。尼采在《道德系譜學》(*On the Genealogy of Morality*) 提出
一種奴隸的道德，奴隸道德來自怨恨，怨恨可以說是埋怨和憎恨
的結合，尼采十分鄙視怨恨這種情緒，因為怨恨有害於生命力量
的提升。他認為基督教的道德就是來自怨恨和嫉妒，在基督教
出現初期，基督徒被羅馬政權所迫害，身為弱者的基督徒無法復
仇，於是創造出「憐憫」和「平等」的道德觀來限制強者。當然，
尼采對於憐憫的解釋是有商榷之處，但弱者的確有可能以隱蔽的
方式來報復。

雖然恐怖襲擊和種族清洗都有着相同的原因，那就是「憎恨」，但兩者也有顯著的差異。

	恐怖襲擊	種族清洗
殺害的人數	比較少	動輒以萬計
執行者	弱勢的一方	擁有權力的一方
道德性	如果只針對相干的人，有可能從結果上得到證立，例如驅逐入侵者或爭取獨立	絕對是不道德，因為死的大部分都是無辜的人

我將憎恨分為正常和不正常兩種，正常的意思是一般人遭遇這些事情都很可能會有這樣的反應，例如至親被無辜地殺害、個人受到迫害或剝削，憎恨對方是一種很自然的反應。至於不正常的憎恨則是尋找代罪羔羊，將挫折、羞辱、威脅、失望、痛苦、無力感等等轉化為憎恨，投射到所謂「敵人」身上。不正常的憎恨又分為兩種，一種是個人，另一種是集體，以後者的危害性最大，因為它很有可能會帶來屠殺，被殺的都是無辜者，種族清洗就是最明顯的例子。我認為，不正常的憎恨其實是一種心理病，就跟焦慮症和抑鬱症般；不同的是，焦慮和抑鬱只是傷害自己，憎恨則傷害他人。不過，正常和不正常的憎恨也並非截然二分，有時看似是正常的憎恨，但當事人也可能將嫉妒和恐懼轉化為憎恨，投射出去。

但究竟猶太人做錯了甚麼會成為代罪羔羊呢？其實早於納粹興起之前，德國就普遍存在憎恨猶太人的情緒，這可能是出於嫉妒，

當時德國的猶太人數目還不到十分之一，但佔據了一半以上的高薪職位如醫生和律師，很多知識分子都是猶太人，猶太人所取得的巨大成就遠高於他們的人數比例。如果我們將視角拉闊一些看，其實整個歐洲都彌漫着反猶太人的情緒，種族歧視背後存在着宗教的對立，那就是基督教和猶太教的對立，猶太教不承認耶穌是神，猶太人甚至被視為殺死耶穌的「元兇」。根據聖經的記載，當耶穌被送上十字架時，同時被處決的還有一個強盜，羅馬總督波拉多說：「你們可以釋放其中一個人。」但由祭司帶領的猶太人卻堅持要處死耶穌，寧願釋放強盜，並且說「責任由我們及子孫承擔」，猶太人流亡了這麼多年，難道真是一個詛咒嗎？或是猶太人的共業呢？也許希特拉利用了這一點為屠殺猶太人的「根據」。別以為只有納粹黨才屠殺猶太人，1941 年在波蘭瓦本城（Jedwabne）的猶太居民亦遭到屠殺，執行屠殺的正是同區的波蘭人，亦即是他們的鄰居，由此可見反猶太人情緒的普遍性。

反猶太主義的原因

宗教原因	猶太教否認耶穌是神，猶太人也被視為殺死耶穌是元兇
經濟原因	猶太人從事金錢借貸的服務，引起了基督徒的厭惡；而其經濟力量也被視為威脅
文化原因	猶太人有獨特的生活方式，不願意融入當地的文化，拒絕被同化，因此常被視為異類
政治原因	猶太人沒有國家，容易被欺負，可以說是弱勢社群

即使憎恨某個種族的人，如果雙方之前沒有甚麼深仇，也不至於要消滅整個種族，要達到種族滅絕這個地步，必須有一個組織來煽動和執行，那就是納粹黨。納粹黨孕育出強烈憎恨猶太人的

文化，而憎恨又可以使組織團結起來；又例如美國的 3K 黨，那裏有仇視黑人的白人至上主義。但我不大明白為甚麼會有 3K 黨這種文化存在，照道理歷史上黑人曾是奴隸，而且多屬於社會的低下階層，明顯是受害者，黑人應該反過來仇視白人才合理；或許原因是這樣，當黑人還是奴隸時，白人只不過當他們是工具，當然會有偏見和歧視，但並不特別憎恨他們，有誰會憎恨自己的財產呢？不過，當解放黑奴之後，黑人轉變為白人的競爭者，對白人構成了威脅，於是產生了憎恨。還有阿爾蓋達這個恐怖組織，將存在於阿拉伯世界的反西方情緒，提煉成非要報復不可的憎恨，種族加上宗教，成為了頑固的意識型態。無論是納粹黨，3K 黨，還是阿爾蓋達，這些組織的首領都是心理變態者。

由於歐洲大部分國家都受過納粹主義煽動仇恨的惡果，所以仇恨言論是受到法律的限制，有所謂「仇恨犯罪」，在德國甚至連「否認納粹屠殺猶太人」的言論也屬違法。對於仇恨言論，在美國是屬於言論自由的範圍，受到憲法的保障，立法限制仇恨言論是違憲的。不過，如何定義仇恨言論也是一個問題，當然，像納粹的種族清洗言論就一定是；但只是褻瀆、侮辱、嘲諷某個種族或宗教又算不算是仇恨言論呢？詆毀種族或宗教的言論明顯是一種冒犯，也有可能造成間接的傷害。但我們要注意詆毀和批評的分別，不少人將任何批評其種族或宗教的言論都當成是詆毀。有人認為，限制仇恨言論的關鍵在於仇恨言論會否助長暴力的行為，帶來實質的傷害。另外，仇恨言論或會有損個人的尊嚴和名譽，這也是限制的理由。有時這些冒犯的言論可能會引起對方的報復，例如 2015 年的「查理事件」，「查理」是法國一間週刊，因為

刊登了嘲笑穆罕默德的漫畫（他們也有刊登嘲笑耶穌的漫畫），結果引發了極端伊斯蘭教徒的報復行動，血洗了查理週刊。

 ## 愛與恨

佛家所講的八苦之中，有兩苦是跟愛和恨有關，那就是「愛別離，怨憎會」，意思是跟相愛的人分離是痛苦，跟憎恨的人相處也是痛苦。從這個角度看，愛和恨是相反，但兩者也可以互相轉化，此所謂有愛有恨，愛恨交纏。難怪有人說愛的反面就是恨，正所謂「愛之深，恨之切」，由相愛到相憎，從戀人變仇人，已經不知道被印證了多少次。記得有一首歌叫做《愛你變成恨你》，歌詞中就有這兩句「不能懷念愛惜，不如懷恨更激」。

愛和恨有很多相似性，第一，兩者都是強烈的情感，而且有持續性；第二，兩者也有明確的對象；第三，兩者亦有盲目的一面，愛情會將對象理想化，而憎恨也會妖魔化敵人。愛和恨也有着互相依附和轉化的關係，例如小時候缺乏父母的愛，長大後很有可能會變得偏執，容易因小事而憎恨對方，據說很多獨裁者如希特拉都有這種性格。又例如遭愛人背叛，就會由愛生恨，愛得越深，恨也越烈；從這個角度看，戀人分手互相憎恨也有好處，就是免除分手的傷痛。

愛和恨那個較基本呢？主張性本善的人當然說是「愛」，而認為性本惡的人則傾向「恨」，我的答案是「愛」，因為愛的缺乏才會產生恨。人很自然會愛自己的子女，恨則經常是後天培養出來，比如說生長於充滿憎恨的文化環境，我想起了巴勒斯坦的難民營，當然，我不是說這些巴勒斯坦人都會進行自殺式襲擊，那些被招募進行自殺式襲擊的年青人都必須經過宗教式洗腦，深信這是聖戰，為安拉戰死的人會上天堂。如果真的有天堂和地獄，我倒認為殺害無辜者該去的是地獄，如果這些年青人死後來到地獄，那會否對他們生前敬重的宗教導師由愛生恨呢？

愛的對象可以是個人，也可以是團體，例如愛國。當然，愛國並不表示要憎恨別的國家，但有些人之所以愛國，就是有感於自己渺小，需要將自己認同於一個強大的團體，心理學稱之為「拋錨」，這樣就有可能將自己的挫折和無力感轉化為憎恨，投射於「敵國」，如果有政治或宗教權威加以「培養」，就能製造出憎恨的文化。例如阿拉伯人在電視上看到西方富裕國家人民的生活，有感自己被剝奪，若政治人物加以煽動，透過媒體和學校，就能培養出憎恨西方的文化；但其實阿拉伯國家內的特權才是剝奪的主因，這不過是轉移視線。雖然愛自己的國家或球隊不一定要憎恨別的國家或球隊，但憎恨敵人可以團結自身的團體，甚至將自身的問題歸咎於外面的「敵人」，這就是為甚麼獨裁者往往是種族主義者，要給人民進行洗腦式的教育。

愛 和 恨 的 相 似 性

	強烈的感覺
相	持續的對象
似	
性	理想化或妖魔化對方
	令人衝動行事

愛和憎既是相依，也是相克，慈悲心固然可以對治憎恨；但憎恨亦會障蔽慈悲之心，正如前面所講末蹬伽的故事，連這樣的修行者也不能克服憎恨。有一名句經常被人引用，那就是「世界上決沒有無緣無故的愛，也沒有無緣無故的恨」，其實這句話的原意是用來批評孔子的，當時的批孔運動對儒家學說作全面的批判，其中一點就是針對孔子的「仁愛」，自從人類有了階級之後，就沒有這種統一的愛，那些聖賢只是口上講，卻沒有真正實行過，我們真的可以愛剝削我們的人嗎？當時的運動認為，憎恨剝削我們的人是合理的，消滅剝削者才是正義。

 ## 消怨解恨

雖然說憎恨是最負面的情緒，但憎恨也有它的正面功能，那就是保護我們免受傷害。可是，如果懷恨過度，除了有害身體，也可能作出復仇的行動，被憎恨所支配的人，也容易作出錯誤的判斷，誤人誤己。

我們之所以仇恨對方，就是因為通常覺得自己沒有錯，錯的只是對方，特別是思維上有偏執的人，無知的人也容易被人煽動仇恨。從這個角度看，反省有助消除憎恨，只要稍加反省，就會發現很多我們憎恨的事情當中，原來自己也有不是，而對事件認識得越深，也許會發覺對方也有其難處，那就可更容易原諒或寬恕對方。

還記得修行者末蹬伽的故事嗎？我認為其中一個解釋是忍辱並非對治憎恨的好方法，忍是等待，忍需要耐力，但越持久耐力就會降低，就好像我們跑馬拉松賽事一樣；但憎恨會不斷累積，最終還是要爆發的。個人認為，忍耐只到怨懟和不滿為止，無法克服憎恨。除了「忍」之外，中國人另一個受佛教影響的處世原則就是「捨」，我認為捨比忍更能對治憎恨。捨是佛教四無量心之一，比忍更能突顯佛教的特色，捨就是捨去，捨去金錢、名譽、恩怨、憎恨等等，最後就連佛法都要捨去，所以捨是最徹底的。

四無量法

慈無量心	慈可克制自己憎恨
悲無量心	悲可理解他人痛苦
喜無量心	喜可免於惡言傷害
捨無量心	捨可放下毀譽憎怨

要消除憎恨，可以看看基督教有甚麼貢獻？耶穌說：「愛你的仇敵。」大愛包容，說時容易，卻難於實踐，想一想你本身是受害人，或者退一步，寬恕你的仇敵，耶穌說：「要寬恕 70 個 7 次。」

寬恕仇敵，也等於放過你自己。寬恕固然困難，而且只適用於正常的憎恨，對於不正常的憎恨是不恰當的，因為對方根本無錯，只不過是替罪羊而已，寬恕甚麼呢？要對治不正常的憎恨，我們需要的是反省，明白到自己在認知上的扭曲。不過，對於那些成長於憎恨文化環境的人，就很難改變，看看巴勒斯坦的難民營就知道。

有一位俄國人，得到朝鮮當局的批准，在 2015 年進入朝鮮，拍攝了一部名為《太陽之下》的紀錄片，片中記述了朝鮮小學生的上課情況，老師會教導他們憎恨日本人、美國人和韓國人，還說就是因為美國和韓國要侵略朝鮮，才爆發韓戰。據說韓國仍對日本二戰時期對其造成的傷害懷有恨意，前韓國總統朴槿惠也曾說過即使過了一千年，也無法忘記對日本的憎恨，我不知道韓國人是否普遍存在仇日的情緒；但身為領導人，似乎想製造敵人來合理化自己的行為，有點像納粹黨以憎恨猶太人來正當自己行為。根據這個邏輯，由於美國七十多年前在日本投下了兩枚原子彈，造成極大的傷害，難道日本人仍要憎恨美國人嗎？法國人亦要為了二戰時納粹黨的侵略而憎恨德國人嗎？當然，憎恨侵略者和傷害我們的人是正常的，但事隔這麼多年，這些人早已不存在，還憎恨甚麼呢？恐怕這些都是出於自卑和嫉妒的不正常憎恨。憎恨是一種持續的關係，懷恨者將羞辱和挫折轉化成憎恨，視自己為受害者。

不論是正常或不正常的憎恨，最初都可能是源於衝突，如果在衝突剛開始時就化解，那就不會演變為憎恨。衝突不但給人帶來怨

恨和憤怒，也可能產生擔憂和挫敗的情緒，當衝突出現時，雙方可能會採取敵對的姿態，出現對抗和鬥爭的心理，也容易產生偏見，只看到對方的不是，這樣都是妨礙以講道理的方式來解決衝突，很多時衝突是出於誤會，只要解釋清楚就可以消除；有時只要大家作些讓步就可以消除爭執，但礙於面子問題，或者不甘示弱，以致爭持不下。

寬恕與反省

兩種憎恨	消除方法
正常的憎恨	寬恕、和解
不正常的憎恨	反省、自強

結語

在古代的部落社會，由於生存競爭的關係，為了爭奪土地和資源，部落之間很容易演變為仇敵，互相殺戮，也互相憎恨，這本是無可厚非。現代文明雖然建立了以理性解決紛爭的秩序，但憎恨仍然存在於不同種族、宗教和階級之間，那又是甚麼原因呢？差異導致對立，對立產生憎恨，雖然我認為這些憎恨有部分是心理病，但並不表示傷害他人可以免於法律的制裁。有一個案例是這樣的，1993 年美國黑人福卡森（Colin Ferguson）在電車上槍殺了 6 人，傷了 19 人，為他辯護的律師說這是源於「黑人的憤怒」，

因為黑人長期受到歧視所致,這是心理病,患病需要的是治療,不是懲罰。即使這是心理病,但這樣辯護是有問題的,混淆了原因和理由。

憎恨 VS 精神和心理病

精神分裂	精神分裂是精神病,那些單獨行動的恐怖襲擊者很有可能患有精神分裂,產生妄想,以襲擊來宣泄其憎恨
心理變態	那些憎恨團體的首領多是心理變態者,他們欠缺罪疚感和羞恥感,並善於操控他人
憎恨症	懷有不合乎比例的憎恨,將個人的挫折、恐懼、嫉妒等轉化為憎恨,投射在所謂「敵人」身上

要超越宗教和種族的對立並不容易,特別是宗教,大家都說是自己才是神的代理人,特別是一神教,排他性很強,就以基督教為例,未當權之前遭到羅馬帝國的迫害,基督徒被送上鬥獸場;但成為國教之後就開始迫害其他宗教,有一個鮮為人知的宗教叫做摩尼教(不是摩門教),摩尼教活躍於公元二百到三百年,曾經一度是世界宗教,但由於受到基督教的迫害,就連摩尼教的源頭,位於波斯的瑣羅亞斯德教也遭毀滅,神學家奧古斯丁在其《悔過錄》中也提到自己由信奉摩尼教到基督教的過程。事實上,宗教間也存在競爭的關係,就好像商業競爭,大家都說自己的貨品最好,其實那些傳道人還不是一樣,只有通過自己的宗教才能得到救贖,的確有很多不負任的宗教領袖,例如伊斯蘭的神學家說自殺式襲擊者死後會上天堂;又例如十字軍東征時,教皇烏爾班二世承諾赦免戰士的原罪。宗教本是道德的捍衛者,但現實上往往製造出憎恨的文化,例如激進的伊斯蘭團體利用神來煽動信徒。

跟種族一樣，宗教也是確認敵人和製造仇恨的最好工具，難怪以《自私的基因》(*Selfish Gene*) 聞名的道金斯 (Richard Dawkins)，在經歷了 9·11 事件之後作出了一番反省，寫出《上帝的錯覺》(*God Delusion*)，盡數宗教犯下的種種錯誤，此書的一個論點就是「若沒有宗教的話，世界會變得更好」。但我們也不妨反過來看，我們現在正需要新的宗教，一個可以跨越種族、語言、文化和仇恨的宗教，就讓那些滋長仇恨的宗教慢慢從地球上消失吧，正如西里修斯所說：「將復仇之事交給上帝處置。」

卡拉瓦喬是巴洛克時代的意大利的著名畫家，善用強烈明暗的對比手法製造戲劇性的效果，就好像畫中殺人復仇這一幕。初看這幅畫時，就深深被這個女人的表情吸引着，那明顯是憎恨的表情，畫中女性名叫朱蒂斯，故事講述她居住的城市被亞述軍隊入侵，於是她運用智謀，潛入敵軍陣營，斬殺對方的將領。

《朱蒂斯斬殺敵將》(1599)

作者：卡拉瓦喬
原作物料：油彩
尺寸：145 x 195cm
現存：羅馬國立古代繪畫館

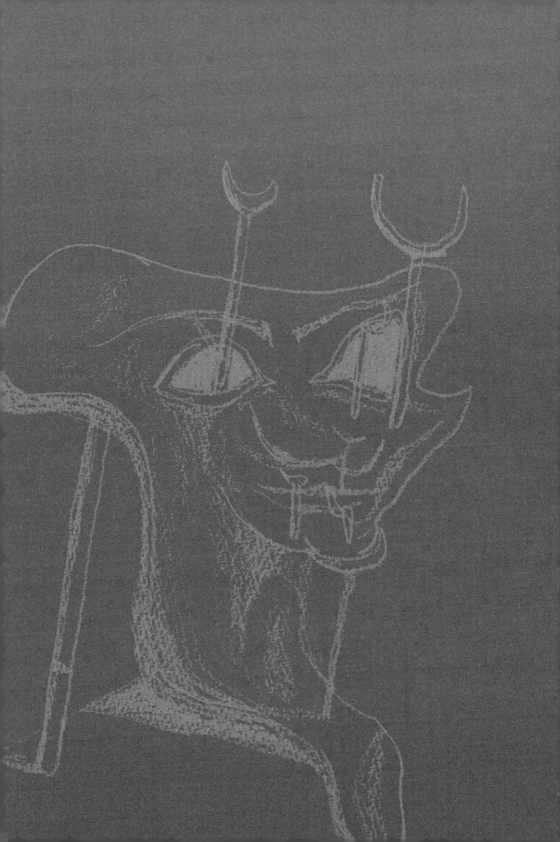

9

厭惡

我厭惡自己的生命

——約伯

小時候住在公共屋邨，那裏的衛生環境十分差，到處都是垃圾和狗隻的糞便，真的很噁心。有一次經過垃圾站，那種惡臭簡直令人反胃作嘔，連忙用手掩鼻；但那些正在工作的清潔工人卻好像沒有甚麼，也許是習慣了。現在我想，我當時的動作會否對工作的人不敬？我們又是否厭惡做這些工作的人呢？

第三章我們討論過甚麼是基本情緒，除了悲傷之外，另一種會在本書討論的就是厭惡。厭惡也是一種自然的情緒，例如聞到腐爛的屍體和發霉的食物，不論是哪一個地方的人，都會有厭惡的反應，這近乎是人的本能。根據演化心理學的說法，厭惡跟憤怒和恐懼一樣，是保存生命的實用性情緒，恐懼的功能在於讓我們逃避猛獸，憤怒則是用來迎戰敵人；至於厭惡，就是避開不潔的食物和傳播病菌的動物，例如老鼠和蟑螂之類。當我們面對排泄物和嘔吐物時，生理反應就是反胃及作嘔，相關的面部表情有伸出舌頭、皺起鼻子和捲曲上唇等。根據心理學家艾克曼（Paul Ekman）的研究，對於喜悅、憤怒、悲傷、恐懼、厭惡和驚訝這六種基本情緒，不同文化的人都有類似的表情。

基 本 情 緒 的 表 情 和 動 作

喜悅	微笑，動作輕快
憤怒	皺眉，瞪眼，準備行動
悲傷	皺眉，哭泣，動作緩慢
恐懼	睜大眼，拉長下巴，退縮動作
厭惡	皺鼻，捲曲上唇，逃避動作
驚訝	抬高眉毛，睜大眼，張開嘴，跳起

雖然說厭惡是一種自然的情緒，但其實它比起其他情緒更受社會和文化因素的影響，比如說基督徒厭惡同性戀，古希臘人卻將同性戀視為更高級的愛；古羅馬人將人獸鬥視為娛樂，現代人則厭惡這種殘忍的行為。有時厭惡也很個人化，例如我喜歡吃魚，厭惡吃雞，我的女兒剛好相反，喜歡吃雞，厭惡吃魚；但其實我們

的厭惡也有相同之處,就是味道,女兒厭惡的是魚的腥味,我則厭惡雞的腥味。

厭惡的英文是 disgust,十八世紀才出現,來自意大利文的 disgustare,是 gusto 的相反詞,gusto 的意思是品味;換言之,在字源上,厭惡感是一種審美反應。比起視覺和聽覺,厭惡跟味覺、嗅覺和觸覺關係較為密切,厭惡多數是要經過接觸才產生,聞到、嚐到或碰到。當然,一些影像和聲音也會引起我們的厭惡之情,例如噪音就很令人厭惡,又例如上世紀三十年代超現實主義電影已經有「刀片割眼睛」這類令人厭惡的影像出現,在第三節會討論厭惡性藝術的問題。

兩種厭惡

不嚴格的話,我會將厭惡粗略地分為「物質性」和「精神性」兩種,物質性的厭惡多涉及特定的事物,而精神性的厭惡則主要關乎某些不道德的行為。前者危害個人的健康,多是生理上的自然反應;後者則有損社會的秩序,跟文化價值有關,是後天學習得來的。在 disgust 這個字未出現之前,英國人是用 wlatsome 指稱第一種厭惡,用 abominable 談論第二種厭惡。

對於物質性的厭惡,又可以分為三種,第一種是特定的物質,如排泄物、嘔吐物、發霉的食物等等,由於這些東西會帶來病菌,

反胃嘔吐的厭惡反應就是避免它們進入我們的身體,確保健康;由此可見,這一種厭惡對我們生存有着重要的價值。第二種是特定的環境,例如滿佈垃圾的房間,想像一下那些拾荒獨居老人的居住環境,四周都堆滿雜物,到處都是蟑螂;又例如,我小時候十分討厭跟媽媽到街市買菜,因為這裏不單擠滿了人,地上還有污水,加上那些難聞的雞鴨味,我真的受不了。第三種是畸形的身體,曾經在旺角見過一個乞兒,他行乞的手法就是「展覽」其帶點畸形的殘障身體,說真的,的確令人厭惡,但同時你又會同情他的遭遇,那種混合了厭惡和同情的感受很「矛盾」,不過,我想這種厭惡感很可能會減少他的「收入」。畸形的身體只會令我們心理上不舒服,但不會影響我們的健康,除非是帶有傳染病如痲瘋之類,可能是古代的知識水平不高,誤以為這樣也會傳播疾病,於是產生了厭惡感。這種對畸形的厭惡令我想起了《象人》(Elephant Man) 這部電影,電影改編自十九世紀的真人真事,象人是一個天生畸形的人,臉長得像大象般,象人被馬戲團的老闆利用到世界各地巡迴展覽賺錢,卻受盡非人的對待。一方面我們厭惡畸形的人,但另一方面又好奇要看,享受一種可控的厭惡感,就好像進戲院看恐怖片一樣。片中象人的善良,跟馬戲團老闆的邪惡形成了一個強烈的對比,後來象人得到一位醫生的幫助,終於可以過上人的生活。

物質性的厭惡

物質	排泄物、嘔吐物、腐爛的屍體	有害	
環境	長期沒有清潔、堆滿垃圾的地方	⬆	對健康的影響
人體	醜陋、畸形	沒有	

米勒（William Miller）是一位法律學教授，他在《厭惡的剖析》（The Anatomy of Disgust）一書中提到，小孩子會對厭惡的東西如糞便感到着迷，就以我的女兒為例，雖然現在已經八歲，但一聽到「屎、尿、屁」，還是笑個不停。記得小時候有一堂美術課是做香粉公仔，我將剩餘的香粉模仿糞便，放在街上作弄人。另外，米勒指出，親密的關係可以令我們克服這類厭惡的東西，例如父母會樂意為自己的嬰孩換尿片，我還聽過有父母叫這些排泄物為「蟹膏」；又例如，在性愛中，我們願意跟伴侶有體液的交流，讓對方的性器官進入自己的體內，看來愛真的可以克服厭惡。

至於精神性的厭惡，多涉及不道德的行為，通常厭惡的程度跟不道德的程度成正比，例如亂倫、兒童色情、人獸交等等；也可以說，對人倫秩序破壞得越嚴重的也越具厭惡性。當然，不是所有違反道德的行為都會引起厭惡。有人會用厭惡性的物質來做藝術創作，例如糞便和尿液，第三節會討論這方面的問題。

還有一種令人厭惡的現象，我不知道應該歸入「物質性厭惡」，還是「精神性厭惡」？似乎是界乎兩者之間，這種厭惡涉及錯置的問題，即它出現在不應出現的地方，例如毛髮出現在食物上，又例如將檸檬茶倒在尿盆內，即使尿盆已經消毒，但還是沒有人會願意喝下這樣的檸檬茶。其實前面所講的第三種「物質性厭惡」如畸形的身體，也可以視為「錯置」。很多超現實主義的繪畫都利用了錯置，創作出一些不合理的組合，對不少人來說，真的會感到厭惡；但我卻十分欣賞這種怪誕美，因為怪誕美有助於我從心中的恐懼解放出來。

也可以將厭惡分為「自然物厭惡」和「人際關係厭惡」兩種，自然
物厭惡相若於對排泄物、嘔吐物和腐爛物的厭惡，心理學家羅辛
(Paul Rozin) 區分出四種人際關係的厭惡，分別是病人、不幸的
人、陌生人和道德敗壞的人，在傳統迷信的社會，對這些人的厭
惡尤其嚴重，某程度是助長了歧視。

人 際 關 係 的 厭 惡

病人	害怕受到感染
不幸的人	例如寡婦、孤兒、殘障者等，害怕遭到「不幸」的傳染
陌生人	由於不悉識對方，害怕會有危險
道德敗壞的人	害怕社會秩序被這些人破壞，但何謂「道德敗壞」很受社會和文化因素的影響

蔑視、憤怒、恐懼和憎恨

這一節主要比較跟厭惡有密切關係的幾種情緒，包括蔑視、憤
怒、恐懼和憎恨。先討論厭惡和蔑視的分別，這兩種情緒十分接
近，我們會厭惡那些不守秩序的人，也可能會蔑視這些人，似乎
很難區分兩者。有時我們會將蔑視視為一種程度較輕的厭惡，在
心理學家普魯奇克的情緒之輪中，蔑視是一種複合情緒，由厭惡
和憤怒這兩種基本情緒混合而成；換言之，蔑視是一種帶有憤怒
的厭惡。不過，我傾向將厭惡和蔑視看成是兩種獨立的情緒。首

先，在表情上，蔑視的特徵是抬高下巴，像是用鼻子看人，而且嘴角合緊，跟厭惡的表情不同。此外，正如上一節所講，有兩種厭惡，分別針對物和人；但蔑視只針對人，不涉及物，通常我們只會蔑視行為或能力差的人。第三，雖然説有些孩子會着迷於令人厭惡的事物，特別是男孩子，但一般來説，厭惡是一種不舒服的感受，一種我們想擺脱的狀態；蔑視卻不同，當我們蔑視他人的時候，其實是愉快的，因為有一種優越感。也可以説，厭惡是一種被動的情緒，我們是受某些事物或行為的刺激才會出現；但蔑視則有主動性，我們透過詆毀他人而獲得優越感。在今天民主自由的社會，地位低的人也可蔑視地位高的人，例如工人蔑視資本家、打工仔蔑視老闆、窮人蔑視富人、人民蔑視統治者，這種互相蔑視的狀況，有點沙特「他人即地獄」的味道；但若是子女蔑視父母、學生蔑視老師的話，似乎並不可取。厭惡雖是不愉快的感受，但在這個不完美的世界，卻是我們需要的；即使蔑視是愉快的感受，卻無助於改善我們的處境，似乎也不應鼓吹。

即使説蔑視是憤怒和厭惡的混合，蔑視也可以是獨立的情緒，正如橙色是由紅色和黃色混合而成，但並不表示橙色就是紅色的一種。此外，厭惡本身也會導致憤怒，例如當我們厭惡不道德的行為時，同時也表達了憤怒，試想想那些貪污的政府官員。上一節我們提到有兩種厭惡，物質性和精神性，也分別帶有恐懼和憤怒這兩種情緒。當我們看到一些殘肢的時候，大部分人的反應是既恐懼又厭惡；但若看到的是兒童色情影像，多數人的反應會是憤怒和厭惡。

最後是厭惡和憎恨的關係，上一篇我們討論種族清洗時，提到種族歧視會引致暴力和憎恨，而產生種族歧視的一個原因就是厭惡；換言之，厭惡最終可能會導致憎惡。為甚麼一個種族會厭惡另一個種族呢？我們之所以厭惡某個人，原因可能是醜陋的樣貌、畸形的身體，或是猥褻的行為；但難道整個種族或這個種族的大部分人都會如此嗎？不太可能罷。這種厭惡往往是以偏概全，或是受一些書本和電影的影響，聽說有些外國人看過香港的黑社會的電影後，就以為香港是一個無王管、黑道人物隨便就在街上廝殺的地方。當然，某個民族可能有些特性是另一個民族所不能接受的，讀大學時我看過一本書叫做《中國文化的深層結構》，作者孫隆基博士指出中國人有某些特質（當然不是指所有中國人）如「喜歡大聲說話」，後來我去內地旅行，發現果真如此；但恐怕這是日本人接受不了，在日本的車廂內，幾乎是鴉雀無聲的，沒有人會講手提電話，日本人只會透過電話發文字信息。

物質性與精神性厭惡

兩種厭惡	相關事物	相關情緒和反應
物質性	厭惡性的物質，例如糞便	恐懼，離開現場
精神性	厭惡性的行為，例如人獸交	憤怒，採取行動

道德與藝術

正如前面所講，某些不道德的行為會使人感到厭惡，而某些怪異的藝術作品也可能會令人感到厭惡。若作品的主題明顯違反我們的道德意識，例如一本標榜濫殺無辜的小說，即使文筆優美、節奏明快、引人入勝，但嚴重違反道德會破壞作品的美感，帶來厭惡。雖然醜陋的樣貌會令人厭惡，但一張醜陋樣貌的肖像畫卻可以是美的，因為經過了藝術的處理，這就是藝術化腐朽為神奇的力量。

道 德 VS 藝 術

道德和藝術的關係十分密切，以下區分出四種不同的立場，並以四個人物為代表。

為藝術而藝術	唯美主義（美是藝術的本質）	不須理會道德	王爾德
	形式主義（形式是藝術的本質）	內容不重要	貝爾
為人生而藝術	道德主義（藝術的社會功能）	藝術提升道德	柏拉圖
	自然主義（藝術的創造功能）	藝術提升生命力	尼采

上個世紀初，有一個哲學流派叫做「邏輯實證論」（Logical Positivism），它主張除了邏輯和數學之外，所有不能夠驗證的說法都沒有認知意義，因此宗教和道德都被排除出知識系統。雖然這學派否定了形上學和宗教，但難道連道德也可以拋棄嗎？如何理解道德就變成了一個問題，後來出現了一種道德主張叫做「情緒主義」（Emotivism），根據這種學說，道德只是情緒的宣泄，「殺人是不道德」只不過是表達了我們對殺人的厭惡。情緒主義會導

致道德上的主觀主義，因為當我們有不同的「道德判斷」時，那只是表達我們的好惡而已，「同性戀是不道德」這句話沒有真假可言，「道德判斷」根本就不是判斷。但我們也可以反過來看，厭惡才是「道德判斷」的基礎，米勒就認為，道德判斷正是針對那些我們無法忍受的厭惡性行為。不過，法律學者娜絲邦（Martha Nussbaum）指出，厭惡其實是一種非常危險的情緒，因為在人際關係中，它容易使厭惡的對象非人化，例如第二次世界大戰時，納粹黨將猶太人視為害蟲；又例如在盧旺達種族清洗事件中，胡圖族就稱圖西族為蟑螂。既然是害蟲，是蟑螂，即使被消滅也是理所當然的。

有人可能會覺得「厭惡性藝術」這個詞含有矛盾之處，因為藝術不就是美嗎？美又怎會令人厭惡呢？「藝術是美的」這個説法，大抵直至印象派還站得住腳；但對現代藝術來説，藝術就不一定是美的，最具代表性的例子是杜尚（Marcel Duchamp）的《噴泉》（*Fountain*）。《噴泉》其實是一個男性小便池，杜尚在上面簽了假名，當作藝術品來展示，在當時的社會背景，這件作品會被認為是「褻瀆藝術」，因此讓人感到厭惡，據説這件作品未展出前就被一位憤怒的評審摔破了；然而，《噴泉》要表達的正是「美不是藝術的必要條件」。杜尚也是第一個使用「現成物」來創作的藝術家，他使用的現成物有一個條件，就是要經過所謂「審美的冷靜期」，意思是要面對它一段時間而不會有審美的反應，這件現成物才有「資格」用來做藝術創作。傳統藝術很難引起人的厭惡之情，但現代藝術卻不同，可以跟美無關，而且任何東西都可以成為藝術，包括現成物，甚至是醜陋的事物，如糞便和尿液。

《噴泉》對固有藝術觀念的衝擊

藝術的固有觀念	《噴泉》的挑戰
藝術是美的	美不是藝術的必要條件
藝術需要技巧	單是選擇就可以創造藝術，不用任何技藝
藝術是現實的再現	現成物就是現實，不是現實的再現

事實上，杜尚打破了不少藝術的固有觀念，開創了更多的可能性，現成物就是一個很好的例子，後來很多藝術家都用現成物來創作，而且藝術也不一定要美（要注意的是，「藝術不一定是美」不同於「藝術一定是不美」）。那麼，自然會出現一些厭惡性的作品，其中爭議性較大的有賽拉諾（Andres Serrano）的《尿尿耶穌》（*Piss Christ*），這是一張巨型的攝影作品，影像是一個十字架浸在尿液之中。當然，如果沒有告知這是尿液的話，你是看不出來的，這個影像其實是挺美的，甚至有一種神祕性；但從標題上，卻會引起「褻瀆宗教」的厭惡感。問題是，究竟作者想表達甚麼呢？賽拉諾說他並不是要反對宗教，而是批判在現代文化中的宗教體制，那些聖像已變得世俗化和商業化，這件令人反感的作品就是要讓我們思考這方面的問題。個人認為，賽拉諾的其他作品比《尿尿耶穌》更具「厭惡性」，例如《停屍間》（*Morgue*）是一系列的屍體照片；還有《天堂與地獄》（*Heaven and Hell*），這也是一張照片，一位紅衣主教（是他人扮演的）站在一名被絞死的裸體女子身邊，臉上露出了滿足的表情。但真正令我感到厭惡的還是梅普索波（Robert Mapplethorpe）的《吉姆與湯姆》（*Jim and Tom*），這也是一張照片，一名男子對着另一名男子的嘴小便，其實不用真的看，單是想像一下就會覺得十分「噁心」，有人認為這

件作品是對「歧視同性戀」的批判。

雖然這些「厭惡性」藝術多是採用令人感到厭惡的物質（如屎尿）來創作，但我還是將它們歸類為「精神性的厭惡」，因為這涉及作品的意義及我們的價值觀，想想《尿尿耶穌》要表達的意義及反映的價值就會明白。

自我厭惡與厭世主義

厭惡可以歸類為危險的情緒，有人甚至認為厭惡比憤怒和憎恨更危險，因為憤怒和憎恨往往生於厭惡，比如說厭惡某個種族，最後可能演變為種族清洗。不過，我認為厭惡的更危險之處在於「自我厭惡」，為甚麼人會厭惡自己呢？相信沒有人天生是討厭自己，前面提到，人際的厭惡是後天學習得來的，自我厭惡也是一樣，通常是接收了太多的負面評價，大部分來自童年的不愉快經驗，例如經常被父母或老師作負面的批評，慢慢就會形成了自我厭惡的心態。自我厭惡也可能跟自我期許有關，我們可能不滿自己樣貌、能力，或是性格，由於不能達標而厭惡自己，在期許之我和現實之我之間存在一個很大的差距，而這個差距似乎是難以通過努力可以改變，而我們又不願意降低標準。不過，心理學家布爾戈（Joseph Burgo）認為，自我厭惡是一種心理的防範機制，那是對自身脆弱的防衛。他說當我們被他人厭惡時，這是不

由得自己控制，但當你自我厭惡時，這種厭惡感卻是可控的。正由於自己是討厭的，所以也不值得有甚麼好事發生，這樣的話，挫折和失敗就不會傷害到自己。雖然説自我厭惡是一種心理自衛機制，但卻是無用於改變現狀，過度依賴的話可能會產生焦慮和憂鬱，最後甚至走上自毀之路，例如日本的著名作家太宰治就是如此，一個極度厭惡自己的人，最後以自殺收場，他的名句正是「生而為人，我感到抱歉」。

本章開首我引用了《約伯記》的一句話「我厭惡自己的生命」，為甚麼約伯會厭惡自己呢？在「埋怨」那一篇我們已經簡述了約伯的故事，那是因為上帝跟魔鬼打賭，讓約伯受盡家破人亡、身患頑疾的痛苦，看他的信仰是否經得起考驗。雖然約伯沒有背離上帝，但就變得十分厭惡自己，還寧願自己沒有出生。我認為約伯之所以自我厭惡，不僅僅是生活太過痛苦，還有的是上帝對他的蔑視，上帝對他好時可以賜予幸福，但當上帝要考驗他時，卻給予悲慘的遭遇，就連親人和僕人都被殺，只剩下自己孤伶伶一人，並身染頑疾，在上帝眼裏，我們似乎只是一個工具，可以任意擺佈，難怪約伯會認為上帝蔑視他。

約伯雖然厭惡自己的生命，但仍持有信仰，並沒有走上自毀之路；但對於那些沒有信仰的厭世主義者來説，自殺就像是一個合理的出路。不過，以厭世主義聞名的悲觀哲學家叔本華卻反對自殺，因為自殺只能消滅生存意志的個別顯現，卻無法抵抗意志本身，反而印證了我們是受意志的支配，由於慾望得不到滿足，為擺脫痛苦而尋求了斷。

我們在日常生活之中，由於生存的需要，總是要對世界採取一種
利害的態度；但叔本華認為，美能將我們從這種利害關係中解放
出來，因為在欣賞藝術和美的時侯，審美經驗可以令我們暫時擺
脫盲目意志的支配，免受慾望的折磨，成為純粹認知的主體，審
美認識是一種純粹的直觀。藝術家主動超然於利害關係之外，從
事藝術創作，而觀眾則通過欣賞藝術而得以被動地超然於利害之
外。從叔本華的角度看，審美經驗是一種忘我的狀態，也是對自
我意志的否定。

優美與壯美

叔本華繼承康德的説法，認為有兩種美，一種是優美，另一種是崇高，或稱
為壯美

美令認知主體暫時	優美感無須鬥爭就能擺脫意志的束縛
擺脫意志的束縛	壯美感需要強力掙脱意志的束縛，所以有痛苦的感覺

不過，叔本華認為，藝術只是痛苦人生的止痛劑，要否定意志，
我們還得採取禁慾主義，領悟到萬物都是受着意志的束縛，繼而
同情萬物。雖然叔本華提出一種類似宗教性的救贖主張，但這種
沒有天堂或來世的思想卻不能賦予人希望，更談不上提供實踐的
動力，不過是一套巧妙的思想而已。佛教就不同了，雖然佛教也
説一切皆苦，但有離苦得樂的主張，那就是擺脱輪迴，進入極樂
的世界，佛教稱之為「涅槃」。現世的慾望是妨礙我們進入涅槃
的其中一個因素；所以，如何去慾就成為了佛教關心的主題。佛
教有所謂十萬八千法門，其中有利用人的「厭惡」來去慾，包括
色慾和食慾，例如「白骨觀」和「不淨觀」的修行，透過觀想，體

悟到人的身體只是臭皮囊，一堆令人厭惡的血肉和骨頭，即使是美女，內裏還不是令人厭惡的白骨嗎？試想像剛看完一堆殘肢腐體，你還有進食的胃口嗎？聽説以前有些修行人會在墓地修行，修的可能就是「不淨觀」或「白骨觀」。不過，話説回來，白骨看得多可能就不會有厭惡的感覺，我讀藝術系時畫了一張以骷髏骨為主題的畫，由於這張畫很大，只能放在宿舍的 common room，於是我乾脆將學校的骷髏骨模型搬到宿舍來畫，跟骷髏骨旦夕共對，不但沒有厭惡，還感受到白骨的美感。

對抗生存意志

藝術	暫時中止意志的束縛，是痛苦人生的止痛劑
禁慾	認識到意志的虛幻性，進而禁絕慾望，擺脱意志的束縛
同情	認識到萬物是意志的表象，繼而同情萬物，擺脱利己主義

結語

一方面，厭惡可以説是人類一種最自然的情緒，誰嗅到屍味沒有作嘔的反應？那就是厭惡；但另一方面，厭惡又是一種很受文化影響的情緒，想想美國過去歧視黑人的文化，就包含着厭惡黑人的情緒。

跟其他負面情緒一樣，厭惡也有正面的價值，那就是保護我們的

健康，免受病菌入侵；但我們要提防的是人際關係的厭惡，小心被人利用來攻擊某些族群，例如同性戀者和少數族裔。我們也可以積極地利用「厭惡」來幫助自己，例如上一節提到佛教的修行方法「白骨觀」和「不淨觀」；心理學上也有所謂「厭惡治療法」，顧名思義，就是利用「厭惡」來達到治療的效果。我認為厭惡治療可以分為兩種，一種跟恐懼治療法差不多，恐懼治療法是將我們暴露於恐懼的事物當中，讓我們習慣下來，消除那些不必要的恐懼；原理一樣，讓我們經常接觸所厭惡的東西，目的是消除不必要或不合理的厭惡。那些厭惡性的職業如清潔工、護理員和遺體復修師，我想他們應該是習慣了，不會再感到厭惡。對一般人來，最厭惡的應是跟遺體處理有關的工作，其實我們真正厭惡的是死亡，相信你也不願意穿死去之人的衣服。有一部日本電影叫做《禮儀師之奏鳴曲》，電影講述一位大提琴手因樂團解散而失業，後來找到一份為死者入殮的工作，負責給死者清洗及化妝，他的太太發現了之後，要他辭去這份「嘔心」的工作，這反映出一般人對死亡的恐懼，最後太太看到他認真地工作，及尊重死者的態度，最終接納了他，也不再厭惡這份工作。

另一種厭惡治療法則是利用人的「厭惡」來去除一些不良的嗜好，這是基於行為刺激和制約原理，例如上世紀三十年代，蘇聯就使用這種方法來治療酗酒者，當酗酒者一沾上酒，就會施以電擊，令他將酗酒和電擊的痛苦關聯起來，經過一段時間之後，對酒就會產生厭惡之情，最後達到戒酒的目的；其實在香煙包印上的警告字眼及患肺癌者的恐怖圖像，也是同一個原理，想令人對吸煙產生厭惡之情，減低吸煙者的數目。

雖然說厭惡是一種自然的情緒，但似乎不覺動物也有厭惡的表現，例如狗就不會厭惡排泄物，「狗吃屎」是真的，那麼厭惡會是人類獨有的自然情緒嗎？如果是的話，厭惡這種情緒就可以用來區分人和動物，我們不就是厭惡那些暴飲暴食或性濫交的行為，像是活得跟動物一樣嗎？我們雖然厭惡排泄物，但唯獨眼淚例外，因為眼淚象徵着人性；如果我們發現動物會流淚，也可能會認為牠有靈性。比人類高級的上帝又如何呢？上帝會厭惡人類嗎？我認為不會，上帝頂多是蔑視人類；正如父母不會厭惡子女一樣，即使子女多麼差勁。若上帝存在，自然也有魔鬼；那麼，魔鬼又會厭惡甚麼呢？我想，魔鬼所厭惡的就是我們稱之為正確之事，合乎道德之事。

━━━━━━━━━━━━━━━━━━━━━━

哥耶是十八世紀西班牙的宮廷畫家，畫風屬於浪
漫主義，也有西班牙專屬的怪誕傳統，就像畢加
索和達利這兩位西班牙畫家，以怪誕聞名的電影
導演添布頓也是西班牙人。哥耶晚年畫了一系列
畫風怪異的「黑色畫」，探討死亡和不安的主題，
在這幅畫中，哥耶借用神話傳說「農神因害怕兒
子會取代自己，於是把兒子吃掉」來表達「人食
人」的恐怖，我們之所以對「人食人」感到極度
厭惡，不僅是因為它危害我們的生命，還危害我
們的文化。

━━━━━━━━━━━━━━━━━━━━━━

《農神吞噬兒子》（1820-1823）

作者：哥耶
原作物料：油彩
尺寸：143.5 x 81.4 cm
現存：馬德里普拉多美術館

愛慾

10

慾望是人的本性

——史賓諾莎

讀大學時原本我是唸生物的，當時對繪畫發生興趣，並有一種強烈要讀藝術的慾求，於是轉到藝術系；藝術系的第四年忽然又對哲學產生興趣，也有一種強烈要讀哲學的慾求，於是繼續升學讀哲學。現在想來，仿佛是愛美和愛智帶領着我的人生。

《禮經》的七情是「喜、怒、哀、懼、愛、惡、慾」,在這裏「愛」和「慾」是兩種不同的情緒;但有時我們又發覺這兩個字的意思差不多,例如一個名利慾很強的人,我們會說他愛名利。從這個角度看,愛即是慾求,是生命的活力。在佛家的十二因緣中,愛是其中之一,有所謂「無明、愛、取三煩惱,行有二支是業道,從識至受並生死,七支同名一苦報」,在這裏,愛是負面意義,因為慾求會導致執着;但柏拉圖講的 eros(愛慾)剛好相反,是我們由物質世界提升到精神世界的力量,具正面的意義。我認為,愛這個字有狹義、廣義和最廣義的用法;最廣義就是慾求,廣義是指人際間的愛,狹義就是愛情。

不過,愛和慾也可以分開來看,神祕一點的說法是,愛是宇宙的原始力量,一種將人結合在一起的力量,例如愛情、親情、友情,甚至跟上帝或萬物聯結起來,有所謂對上帝之愛或對大自然之愛;簡言之,愛是一種想對方好及彼此關係和諧的力量。我認為,耶穌的博愛、佛陀的慈悲、墨子的兼愛都是對這種力量的不同描述。慾則比較個人化,是想擁有某種東西或希望某些事情發生的強烈感受,例如對食色的渴求、成功的渴求、知識的渴求等等。

柏拉圖論愛

柏拉圖的對話錄是以蘇格拉底為主角，借蘇氏之口表達自己的哲學主張，在《會飲》篇（*Symposium*）中，柏拉圖就討論了對愛的不同看法。話説阿加頓（Agathon）的悲劇作品獲獎，於是宴請朋友來慶祝，蘇格拉底正是賓客之一，飲宴中有人提出以「愛神」為題，各抒己見。首先發言的是斐德若（Phaedrus），他説愛神是最年長的神，也是最高貴和最有權勢的，愛情能激發人的美好品質。第二位是包賽尼阿斯（Pausanias），他説愛神有兩個，也代表兩種愛情，一個是天上的，屬於精神；另一個是地上的，屬於肉體。文藝復興時期威尼斯畫派的提香（Titian）就畫了一幅畫叫做《神聖和世俗的愛》（*Sacred and Profane Love*），要注意的是，在畫中沒有穿衣服的女神代表神聖的愛，穿衣服那位才是代表世俗之愛。接着發言的是阿里斯托芬（Aristophanes），他引用神話傳説，人類本身是兩個頭、四隻手、四隻腳，有男男、男女和女女三種組合的生物，由於得罪了天神，被劈開了兩邊，以後人就要尋回另一半，才變得完整，所以，愛情就是渴望和追求自己的另一半。下一位是主人家阿加頓，他反對斐德若的説法，愛神是年輕的，不是年長的；但他跟斐德若一樣，歌頌愛神，愛神不但是美，也具有勇敢、正義和智慧的品質。最後輪到蘇格拉底出場，他引述第俄提瑪（Diotima）的説法，根據神話故事，在阿佛洛狄忒（Aphrodite）的生日宴上，貧困的珀尼亞（Penia）借機跟富裕的波若斯（Proros）交合，生下了愛樂斯（Eros），亦即是愛神，所以愛樂斯既像母親，貧窮、困頓、無家，又像父親追求美與善、知識和智慧；換言之，愛神是界乎美好和醜陋、無知與智慧之間，愛

就是慾求自己所缺的東西—美與智。蘇格拉底跟阿里斯托芬相似之處是將「愛」視為慾求，不同的是阿里斯托芬說的是愛情，而蘇格拉底講的是真善美；至於斐德若和阿加頓，同樣是頌讚「愛」的品質。

不過，我懷疑他們是將兩個愛神混淆了（不是包賽尼阿斯所講的那兩個），一個愛神是阿佛洛狄忒，代表的是美、善和智慧；另一個愛神才是愛樂斯，代表的是慾求。或者大家會比較熟悉他們的羅馬名字，前者是維納斯（Venus），後者是丘比特（Cupid），丘比特代表愛慾（愛情），佛洛伊德理論中的 libido（力必多）就是來自 Cupid 這個字；為了區別起見，我稱維納斯為「愛與美的神」，丘比特為「愛神」。在文藝時期波提切尼（Botticelli）所畫的《維納斯的誕生》（*The Birth of Venus*）中的維納斯就是愛與美的神，而丘比特的形象，就像小天使，一個有翅膀和拿着弓箭的小童，亂發他的愛神之箭。維納斯又是金星的名稱，金星形成於六十億年前，比地球還要早十四億年，據說金星原本有着先進的文明，金星人是美、善、智三者皆備，後來金星發生自然災變，不適合人居住，金星人移居到其他星系，有部分人來了地球，長相跟北歐人相似。

柏拉圖認為愛美能令人精神提升，他提出了愛的階梯，最初我們會被一個美麗的身體所吸引，很自然會愛上這個美人（古希臘人認為男性身體比女性身體更美）；下一步我們會愛所有美麗的身體，而不單是某個美的身體；再一步就是愛靈魂的美，靈魂的美比身體的美持久；進一步是愛普遍的美，那就是法律體制的

美；更進一步是愛知識的美，涉及不同美的觀念及理論；最後，我們提升到愛美的理型，即是美的本身，美的理型也是真和善的理型，最高的理型正是真善美合一。雖然愛美是使我們提升的動力，但要認識普通的美、知識的美和美的理型，還是要依靠我們的理性。

美 的 階 梯

在《斐德羅》篇（*Phaderus*），柏拉圖用了駕御馬車來比喻愛和靈魂三部分的關係，駕車者代表理性，白馬代表意志，黑馬代表情慾。當遇到美麗的愛人時，白馬要奔向理型世界，黑馬則要向下奔馳，跟愛人結合，滿足情慾的需求，駕車者必須控制黑馬，在白馬的幫助下，奔向理型世界。柏拉圖認為，愛跟不朽有着密切的關係，愛美與生殖結合，產生下一代，這種自我的延續也可以說是追求不朽；藝術家的作品則是精神上的生殖，作品留存於世，那是另一種不朽的追求。柏拉圖主張愛是慾求真善美的理型，並不是身體慾望的滿足；也可以說是重視精神，輕視肉體，所謂「柏拉圖式愛情」可能就是源於此種觀念。

愛的力量

甚麼是愛的力量？正如《會飲》篇中斐德若和阿加頓說愛能激發
起美好的品質；但當我們說愛是宇宙的原始力量時，這種力量就
涉及到宗教或超越的層面，比如耶穌說：「神即愛。」可以理解為
「愛」是神的屬性。雖然說神的愛有點抽象，但誰都能夠從日常
生活中感受到愛，例如父母子女之間的愛、戀人之間的愛、朋友
之間的愛，甚至是對大自然的愛，這些愛都是很具體和實在的，
每個人都渴求愛。也不妨說，這些人間的愛可以讓我們一窺神的
愛，母親對子女的愛讓我們體會愛的「無條件性」，父母為子女付
出最好的一切，不求回報；戀人間的愛讓我們領略到愛的「融合
性」，愛情正是全情投入，跟戀人結合；朋友之間的愛使我們認
識到愛的「共同性」，志趣相投的人才會成為朋友，也可以說朋友
有着共同理想的追求。愛是一種結合的力量，激發我們美好的一
面，也幫助我們提升到善良、寬恕、理解的境地，在這個充滿缺
憾的世界，諸如疾病、衰老、貧困、挫折、分離等等，實在需要
愛，愛有助我們建立沒有嫉妒、惱怒和憎恨的和諧社會。

人間之愛

自愛	對初生嬰兒來說，得到父母的照顧，滿足需求，他跟世界是合一的
親愛	父母對子女的愛，在人成長的初期特別重要
友愛	上學了，開始追求朋輩之間的認同，發展友情
情愛	青春期可能已經談戀愛，追求愛情
大自然之愛	大自然是道的最佳顯現，這是對永恆之愛的普及版

愛情、友情和親情只是讓我們得以窺見神之愛,這只是愛的初階,離神之愛還很遠。如果以自愛為起點,也可以建立一個有別於柏拉圖、以神之愛為目標的「愛的階梯」。作為愛的起點,自愛其實是愛的基礎,自愛是對自我的連結,一個懂得自愛的人,也容易發展出其他的愛,弄不好的話就會變成自戀、自我中心、對他人缺乏同情心。至於愛情、友情和親情,生活在這個世間,一般人都可以感到這些愛,當然,質素會因人而異,這些愛主要是對所愛的給予,可稱為「關懷之愛」。進一步的愛叫做「指導之愛」,重點是對所愛之人的才德有所提升,要做到指導之愛,需要理性、理解、尊重及相關的知識。再上一級是「平等之愛」,愛已經不分親疏、種族或階級,其實已經進入了宗教的範疇,代表這種愛的是像曼德拉和甘地之類的人物。更高一級是「神之愛」,那是救世主的級數,如耶穌和孔子,也往往也是開創文化新方向的偉人。根據柏拉圖的說法,人可以不斷提升至神的境界(因為他有輪迴轉世的思想);但對基督教來說,這無疑是僭越,人想成為神反映出人的傲慢,七宗罪正以傲慢為首。

在人間的種種愛之中,最激烈的就是愛情,也只有愛情涉及性,柏拉圖將愛情形容為神聖的瘋狂,正所謂神魂顛倒,整天想着對方。當然,這種瘋狂狀態只處於熱戀的階段,我們的身體會釋放出多巴胺(dopamine)和腎上腺素(norepinephrine)等荷爾蒙,被對方強烈吸引;性慾方面,就有雌激素(estrogen)、睾固酮(testosterone)和費洛蒙(pheromone)發揮作用。激情過後,我們就要進入戀愛的另一個階段,那就是面對雙方的缺點(戀人的缺點會反映出自身的缺點);如果能順利通過這一關,就能互相瞭

解，有條件建立鞏固的關係，大部分人都會選擇結婚，跟伴侶有更緊密的聯繫，由愛發展出承諾、尊重、信任等等。經營一個家就好像打理一盤生意，它的利潤是喜悦；但失敗可能就要結束營業，那就是離婚收場。

古希臘人的六種愛

古希臘人區分出六種愛，其中有四種都可以在愛情中找到。

Philautia	自愛	愛的起點
Agape	神的愛	愛的終點
Eros	性愛，涉及性慾的滿足	
Philia	友愛，欣賞對方的優點	愛情
Ludus	追求時的遊戲之愛	
Pragma	為共同目的合作所產生的愛	

慾求不滿

自柏拉圖以降，開啟了一個重視理性，輕視情慾的哲學傳統，某程度上，基督教也是繼承了這個傳統。中國文化在儒家的主導下，慢慢也形成了一個抑壓慾望的哲學傳統，其表表者就是宋明理學講的「存天理，去人慾」。的確，如果讓慾望過分膨脹，不加以節制，如性慾、食慾、名慾、利慾、權力慾等等，那麼不僅傷害自己，也可能會傷害他人，這就是為甚麼有人會視慾望為洪

水猛獸。從佛洛伊德的角度看，人類最基本的慾望是性慾，很多心理問題都是源於性抑壓；但美國實用主義者詹姆士（William James）認為，名慾才是人類最深層的慾望，比利慾和權力慾更為基本。的確，我們只有千古留名，不會有千古留財或千古留權。不過，即使是主張「性惡論」的荀子也不認為慾望本身就是不好的，他只是說若人不節制慾望，就會引起爭奪和混亂，這才是惡，荀子主張通過禮來節制人的慾望。

亞里士多德之後，西方文化出現了兩個主要的哲學流派，一個是斯多亞學派，另一個是伊壁鳩魯學派（Epicureanism）；前者延續了至少六個世紀，後者也差不多有五個世紀的歷史。關於慾望，伊壁鳩魯學派有更詳細的分析，伊壁鳩魯認為人生的目的是追求快樂，避開痛苦，慾望的滿足能帶來快樂，但他並非縱慾主義者。伊壁鳩魯將人的慾望分為幾種，有些是自然並且必須的，例如食慾；有些是自然但不是必須的，例如性慾；有些則是非自然的又不是必須的，是我們從社會中學習得來，例如權力和地位。如果慾望得不到滿足，反而會帶來更大的痛苦；所以，伊壁鳩魯認為我們應該控制慾望，保持在自然和必須這個水平，追求心靈的平靜，那才是真正持久的快樂。

伊 壁 鳩 魯 對 慾 望 的 分 類

	自然	非自然
必須	食慾	——
非必須	性慾	名慾

斯多亞學派認為宇宙所發生的一切事件，背後都是由一些不可

變的法則所支配，人是沒有能力改變現狀，唯一可做的就是改變自己對世界的態度，接受一切都是命定的；所以，斯多亞學派認為人生在世應該「順其自然」，只有這樣，我們才不會被外物所牽引，因外物而憂慮，追求一種心靈平靜的精神生活。整個斯多亞學派經歷了好幾個世紀，也有不同的主張，有的否定情慾的價值，主張禁慾主義，例如塞內卡就說：「慾望最貧者，最富有。」

早期斯多亞學派對情緒的分類

根據當下和未來的判斷區分出四種情緒：快樂、痛苦、慾求和恐懼，當慾求不能滿足時就會導致憤怒。

快樂	對某事物當下感到好
痛苦	對某事物當下感到不好
慾求	對某事物未來感到會好
恐懼	對某事物未來感到不好

某程度上，基督教繼承了斯多亞學派的禁慾主義，在基督教的七宗罪中，貪婪、貪食和色慾都是慾望，特別是色慾。說到禁慾主義，就不得不提叔本華的主張，叔本華認為最終的真實只是盲目的意志，在盲目意志的支配下，人要滿足一個又一個的慾望，慾望不滿足會感到痛苦，慾望滿足了，但新慾望未出現又會感到無聊。可是，叔本華的思想缺乏實踐的意義，就連他自己也不是禁慾主義者。只有宗教意義下的禁慾主義才有實踐性，比如說佛教，從佛教的角度看，我們這個世界屬於慾界，禁慾修行的果報是有可能死後進升到更高的界別，如色界或無色界，成佛就更要跳出三界之外，免受輪迴之苦，但「想成佛」難道不是一個更大的慾求嗎？

力量意志

柏拉圖開啟的理性主義傳統支配了西方的哲學界二千多年，直到尼采的批判為止。尼采是一個自然主義者，反對任何對世界作形而上或超越性的解釋（包括叔本華有關最終真實是生存意志之說），只有這個世界才是真實。雖然尼采深受叔本華的影響，但卻將他的思想倒轉過來，尼采主張肯定世界，肯定生命。尼采將叔本華的生存意志改為力量意志，力量意志才是世界的根本，所有現象都是來自這種自然的力量，例如我們的求知慾、性慾、名利慾、爭鬥、創造，甚至剝削和殺戮都是力量意志的表現，它比生存意志更基本，比如說為了爭取榮譽，士兵會不惜冒死作戰。尼采在《反基督》(Antichrist) 一書説：「生命就是求生長、求延續、求能量聚集、求力；缺乏力量意志的地方就有衰退。」從這個角度看，力量意志正是慾求的根本，滿足慾望正是生命力的表現，是有益的，禁慾卻是有害生命。

柏拉圖、叔本華、尼采

柏拉圖	理性的樂觀主義者：理性可以解決任何問題，存在一個美好的理型世界
叔本華	浪漫的悲觀主義者：世界充滿痛苦，最終真實是盲目的意志，主張捨離世間
尼采	酒神的悲觀主義者：世界充滿痛苦，只有這個世界是真實，要肯定生命

柏拉圖認為幸福就是愛真善美的理型，但從尼采的角度看，只有力量意志帶來的充沛感受才是幸福，尼采在《反基督》中説：「幸

福是甚麼？力量意志在生長的感受，抵抗被克服了。」力量意志不但是生命的根源，也是評價事物好壞的標準，能夠提升生命力和精神力量的東西就是好的，例如真誠、孤獨、勇敢和超克等德性；有害生命力的就是壞的，例如平等和憐憫等思想。尼采認為，人先天上生命力就有高低，而民主和平等只會令人扯平，妨礙強者的出現。雖然尼采反對柏拉圖，但卻提出了一個類似柏拉圖的社會結構，社會分為三個等級，第一級是統治者，他們是精神力量最強的人，有創造性；第二級是執法者，包括士兵、警察和法官，他們是身體和性格堅強的人；第三級是平民，大部分人都是生命力和精神力量低的人，必須受人統治。

世界雖然充滿痛苦，但痛苦不是毫無價值的，跟痛苦對照，快樂才顯得有意義；克服痛苦，人就能超越自身，正如尼采所說：「那不能殺死我的，會使我更加堅強。」尼采這種無條件肯定生命的主張雖然有點誇大，但能夠為無神論者提供一個克服痛苦的出路。不過，尼采這種利己主義的思想（不一定是自私的）卻無法說明愛的意義和價值。

結語

愛與慾，好像是兩個極端，愛是為他人着想，利他的，而慾則是個人的滿足，利己的；愛是精神性，較高級，慾多是身體性，較

低級。正如前面所講，最廣義的愛就是慾求，性慾是基本的慾求；而狹義的愛就是愛情，在人類各種愛的關係中，也只有愛情涉及性。

在過去經濟貧乏的社會，要節制慾望是迫不得已；但在今天經濟繁榮的現代社會，這種思想就顯得過時。不過，如果只是個人的選擇，作為修行的方法又當別論。雖然我反對尼采的自然主義，但某程度也同意他肯定慾望的主張。生而為人，就一定有慾望，慾望是一種想要某東西或某些事情發生的強烈感受。慾望能激發我們的潛能，是使我們學習和成長的動力。不過，我們要提防過度的慾望，或陷入慾望的循環之中，即慾望滿足帶來快樂，快樂消失後又再慾求，並不斷地增強，例如持續地追求名牌。最好就是通過慾求來提升自己，成為更好的自己，能夠以自己熱愛的東西為職業或人生目標就最好不過。

慾望、希望、期望

慾望	迫切、強烈的渴求
希望	帶有積極和樂觀心態的渴求
期望	有理由相信會出現的渴求

寫到這裏，我想起了馬庫色（Herbert Marcus）的《愛慾與文明》（*Eros and Civilization*），馬庫色屬於法蘭克福學派（Frankfurt School），又稱為新馬克思主義（Neo-Marxism），顧名思義，那是要更新馬克思主義，如何更新？馬庫色將佛洛伊德的心理分析結合馬克思主義。馬庫色認為愛慾雖然產生出文明，但高度發展的

現代文明卻又抑壓着我們的愛慾，如何將人從不自由和壓制中解放出來呢？我認為，最後還是要肯定宗教的價值，但馬克思和佛洛伊德都是無神論者，甚至反對宗教；不過，在這裏就不宜進一步討論，有機會的話，會再探討這方面的問題。

奧地利畫家克林姆是「維也納分離畫派」的領導人，屬於象徵主義；不過，通常藝術史會忽略這個畫派。克林姆的畫風以裝飾性的見稱，畫中的長方形和橢圓形圖案分別象徵男性和女性的性器官，互相擁抱的情侶像是處身於花園，但又似是在懸崖邊，一不小心就會粉身碎骨，這是否暗示着愛慾有着危險的一面呢？愛慾既可以提升我們，成為更好的人；也可能令我們墮落，跌入萬劫不復的地步，小心！

《吻》(1907 年)

作者：克林姆
原作物料：油彩
尺寸：180 x 180 cm
現存：維也納奧地利美術館

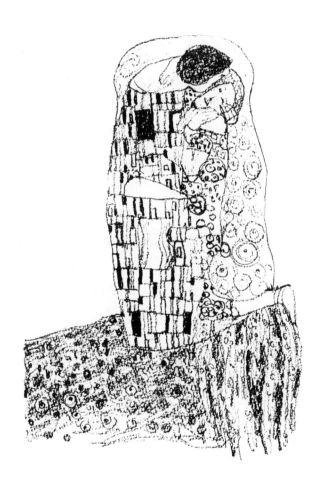

後　語

雖然情緒只是一時的表現，但若長期處於某種情緒就會形成我們的心情，甚至影響我們的性情和人格，例如經常有愉快的心情，就容易形成樂觀的性格。負面情緒當然會對我們有負面的影響；不過，負面情緒也可以有正面的價值，例如後悔能令我們反省過錯，成為一個更好的自己。然而，談到積極和前行，還是需要正面的情緒，有機會的話，會討論一下正面的情緒如喜悅和自信，及另外一些現代人常見的情緒如寂寞和無聊。

本書討論了十種情緒，以下圖作一總結：

焦慮 憂鬱 悲傷	跟自我有密切的關係，屬存在性的情緒
羞恥 內疚 後悔	涉及自我評價，情緒的對象是自己
埋怨 憎恨 厭惡	涉及人際關係，情緒的對象主要是他人
愛慾	是人的本性，也是複雜的情緒

書中用到「普遍情緒」、「基本情緒」、「自然情緒」和「社會情緒」等名稱，或許會引起混淆，因此想在這裏加以釐清，以作補充。傳統思想對於情緒的分類只着眼於它的普遍性，即常見的情緒，例如中國人的七情之說「喜、怒、哀、懼、愛、惡、慾」，跟佛教的七情「喜、怒、憂、懼、憎、愛、惡」只是略有不同，可稱為人類的基本情緒。但基本情緒有兩個意思，一個是所有情緒都可以歸類為這些基本情緒，例如《EQ》作者高曼就區分了八種基本情緒「喜悅、憤怒、悲傷、恐懼、厭惡、羞恥、驚訝、愛」，其他情緒則歸入其中一種，例如焦慮屬於恐懼、狂喜屬於喜悅、蔑視屬於厭惡、恥辱屬於羞恥等等。基本情緒的另一個意思是指簡單情緒，即不可化約為其他情緒，簡單情緒可以組成複合情緒，著名的有普魯奇克的「情緒之輪」理論，他認為人有八種基本情緒，依次序為「喜悅、接受、恐懼、驚訝、悲傷、厭惡、憤怒、希望」，在輪中相鄰的情緒組成複合情緒，例如後悔就是由悲傷和厭惡組合而成。

在本書中我們提到兩種分類，一種是基本情緒與複合情緒之分，另一種是自然情緒與社會情緒之分。這兩種分類相似，卻不完全等同。所謂七情，大部分屬於基本情緒或自然情緒。當然，甚麼是基本情緒是有爭議的；不過，公認的五種應該沒有甚麼爭議性，那就是「喜悅、憤怒、悲傷、恐懼、厭惡」。自然情緒是指與生俱來的情緒，不須後天學習，例如恐懼和憤怒；而社會情緒則是我們從社會上學習得來，例如羞恥和內疚。對於一個不是在人類社會長大的人來說，比如說野人，他就只有自然情緒，並沒有社會情緒。剛好自然情緒都是基本情緒，但基本情緒不一定是

自然情緒，例如驚訝；社會情緒都是複合情緒，但複合情緒不一定是社會情緒，例如愛。在社會情緒中，有些跟道德的關係比較密切，例如羞恥和內疚，不妨稱之為「道德情緒」。